DGQ
Kennzahlen im Beschwerdemanagement

DGQ-Band 12-36

KENNZAHLEN IM BESCHWERDEMANAGEMENT

ausgearbeitet unter der Leitung der
Deutschen Gesellschaft für Qualität e.V. (DGQ)
August-Schanz-Straße 21 A, D-60433 Frankfurt am Main

HANSER

Haftungsausschluss

DGQ-Bände sind Empfehlungen, die jedermann frei zur Anwendung stehen. Wer sie anwendet, hat für die richtige Anwendung im konkreten Fall Sorge zu tragen. Die DGQ-Bände berücksichtigen den zum Zeitpunkt der jeweiligen Ausgabe herrschenden Stand der Technik. Durch das Anwenden der DGQ-Empfehlungen entzieht sich niemand der Verantwortung für sein eigenes Handeln. Jeder handelt insoweit auf eigene Gefahr. Eine Haftung der DGQ und derjenigen, die an der DGQ-Empfehlung beteiligt sind, ist ausgeschlossen. Jeder wird gebeten, wenn er bei der Anwendung der DGQ-Empfehlungen auf Unrichtigkeiten oder die Möglichkeit einer unrichtigen Auslegung stößt, dies der DGQ umgehend mitzuteilen, damit etwaige Fehler beseitigt werden können.

Bibliografische Information der Deutschen Nationalbibliothek
Die Deutsche Nationalbibliothek verzeichnet diese Publikation in der Deutschen Nationalbibliografie; detaillierte bibliografische Daten sind im Internet über <http://dnb.d-nb.de> abrufbar.

© 2016 Deutsche Gesellschaft für Qualität e.V. und Carl Hanser Verlag München
http://www.hanser-fachbuch.de

Herausgeber: Deutsche Gesellschaft für Qualität e.V. (DGQ)
Lektorat: Lisa Hoffmann-Bäuml
Herstellung: Thomas Gerhardy
Umschlaggestaltung: Jutta Meyer
Satz: Kösel Media GmbH, Krugzell
Druck & Bindung: Hubert & Co GmbH, Göttingen
Printed in Germany

ISBN 978-3-446-44785-1
E-Book ISBN 978-3-446-44788-2

Vorwort

Der Umgang mit Beschwerden ist in der Praxis von Branche zu Branche und von Unternehmen zu Unternehmen sehr verschieden. Insbesondere gibt es große Unterschiede, ob und wie Beschwerden registriert, gezählt und ausgewertet werden und wie die daraus resultierenden Kennzahlen interpretiert werden. Das ist das Ergebnis von Studien und Webinaren, die die DGQ in den Jahren 2012 bis 2013 durchgeführt hat. Auch die Diskussionen zwischen den Experten der DGQ-Arbeitsgruppe „Beschwerdemanagement" haben immer wieder gezeigt, wie sehr der Umgang mit Beschwerden und Beschwerdekennzahlen von der jeweiligen Tradition der Branche oder des Unternehmens geprägt ist.

Das liegt unter anderem daran, dass Beschwerden ein unliebsames Thema sind. Sie werden in unserer Kultur häufig nicht als positive Quelle von Informationen und Innovation aufgefasst, sondern als Makel. Die Beschwerde hätte gar nicht vorkommen dürfen. Sie deutet auf einen Fehler im Entwicklungs-, Produktions-, oder Dienstleistungsprozess hin, der – so häufig immer noch die Vorstellung – vollständig hätte beherrscht werden müssen.

Die Arbeitsgruppe „Beschwerdemanagement" der DGQ vertritt dagegen die Auffassung, dass Beschwerden erst einmal etwas Gutes sind. Beschwerden enthalten Informationen über ein hochkomplexes Zusammenspiel zwischen Abläufen im Unternehmen und Abläufen beim Kunden. Was macht der Nutzer des Produkts damit zu Hause, woran vielleicht kein Designer so gedacht hätte? Wie interpretiert er die Bedienungsanleitung oder warum liest er sie erst gar nicht? Wie lagert er das Produkt? Wie öffnet er die Verpackung? All das scheinen Banalitäten zu sein, hier können aber die Ursachen von Fehlern liegen.

Hat man solche Fragen im Kopf, dann ist die Ursache für eine Beschwerde häufig eine ganz andere: Offenbar *passt da etwas nicht*. Vielleicht sind irgendwelche Schritte bei der Entwicklung, der Fertigung, dem Versand oder dem Service nicht korrekt auf die Realität der Nutzer abgestimmt. Vielleicht wird in einem Fertigungsschritt eine Annahme getroffen, von der der Lieferant nichts weiß. Beschwerden können dann als eine Chance verstanden werden, solche „Nichtpassungen" besser zu verstehen und sie wieder oder neu herzustellen. Dafür sind zwei Herangehensweisen hilfreich.

Zum einen lohnt es sich, Beschwerden mit offenen Ohren und unvoreingenommen anzuhören. Einzelne Beschwerden können detailliert qualitativ analysiert werden und dies kann zu unvorhergesehenen Innovationen führen.

Daneben kann aber auch die Masse der Beschwerden mittels Kennzahlen quantitativ ausgewertet werden. Hierzu braucht es einen nüchternen Blick auf Beschwerden – eine Zählweise, die sich nicht an impliziten Erwartungen und Ängsten oder „so haben wir es halt immer schon gemacht" orientiert. Eine Hinführung zu diesem nüchternen Blick und Anleitungen, wie er gelingen kann, finden Sie in diesem Buch.

Autoren

Die DGQ bedankt sich bei den Autoren der Arbeitsgruppe 182 „Beschwerdemanagement", die mit ihrer Erfahrung und Expertise den vorliegenden Band verfasst haben:

- Herr Detlef Becker, DIRAK GmbH, Ennepetal

- Frau Gesine Cyl, Arthur Behrens GmbH & Co. KG, Bremen

- Herr Dr. Ümit Ertürk (Obmann der AG), 3M Deutschland GmbH, Neuss

- Frau Christine Jahn, Krankenhaus Nordwest, GmbH, Frankfurt

- Herr Sören Rohde, Phoenix Contact GmbH & Co. KG, Blomberg

- Herr Claus Schröder, Vossloh-Schwabe Lighting Solutions GmbH & Co. KG, Kamp-Lintfort

Besonderes Gedenken gilt in diesem Zusammenhang Herrn Fred Niefind aus Berlin, durch dessen Tod mitten im Schaffungsprozess die Mitglieder

der Arbeitsgruppe einen sehr aktiven Kollegen und guten Freund verloren haben.

Weitere Mitwirkende

Dank gilt auch allen weiteren Personen, die mit Textbeiträgen oder zeitweiser Mitarbeit in der DGQ-Arbeitsgruppe zum Entstehen dieses Buches beigetragen haben: Frau Ruth Aberle, Herrn Stefan Büscher, Frau Agathe Brecht, Herrn Michael G. Eckert, Herrn Dr. Michael Liesner, Herrn Claus Rauchschindel und Herrn Thomas Stricker.

Frankfurt im November 2015   Udo Hansen,
                                                        Präsident der DGQ

Inhalt

Einleitung

Der richtige Umgang mit Kundenbeschwerden und Kundenreklamationen entwickelt sich immer stärker zu einem Wettbewerbsvorteil. Beschwerden und Reklamationen gelten als wertvolle Quelle für Produkt- und Prozessverbesserungen. Zudem stärkt ein effektives Beschwerdemanagement nachweislich die Kundenzufriedenheit und damit die Kundenbindung. Kundentreue ist besonders wichtig, wenn für Kunden die Wechselkosten zwischen verschiedenen Unternehmen relativ gering und für Unternehmen die Marketingkosten für neue Kunden gleichzeitig hoch sind.[1] Weiterhin können die durch die Beschwerde oder Reklamation entstandenen Kosten als messbares Kriterium im Rahmen der Wirtschaftlichkeit betrachtet werden. Kennzahlen bilden dabei die Grundlagen der Bemessung; sie müssen aber zuverlässig ermittelt und berechnet werden. Voraussetzung einer erfolgreichen Auswertung ist eine systematische Erfassung der Beschwerden und Reklamationen, die dann durch definierte und interpretationsfreie Bewertung zu belastbaren Kennzahlen führt.

Derzeit existieren in der Praxis verschiedene Kennzahlen und Ansätze, sowohl in der Zählweise als auch in der Interpretation der Ergebnisse. Diese Heterogenität kann etwa dazu führen, dass eine Abteilung, die eine Kennzahl verwendet, diese Kennzahl anders interpretiert als das Management oder als andere Unternehmen, mit denen ein Vergleich erfolgen soll.

---

1 Wiegran, G.; Harter, G.: *Kunden-Feedback im Internet. Strukturiert erfassen, schnell beantworten, systematisch auswerten.* Gabler Verlag, 2002.

Im Jahr 2013 hat die DGQ vorläufige Ergebnisse der Arbeitsgruppe „Beschwerdemanagement" in mehreren Webinaren vorgestellt und dabei die Teilnehmer zum Stand der Beschwerdekennzahlen in ihrer Organisation befragt. Dabei konnte ermittelt werden, dass ein überwiegender Teil der Befragten mit Art und Umfang sowie mit der Auswertung und Analyse der in ihrem Unternehmen erhobenen Beschwerdemanagementkennzahlen nicht oder nur wenig zufrieden ist. Sofern eine Auswertung der vorliegenden Zahlen vorgenommen wird, beschränkt sich diese meist auf die betroffene Abteilung oder das Unternehmen. Ein Vergleich mit anderen Unternehmen findet in den meisten Fällen nicht statt.

Um einen solchen Vergleich zu ermöglichen, ist eine anerkannte und belastbare Systematik für die Messung von Beschwerden und Reklamationen erforderlich.

Dieser Band bietet hierzu eine praxisorientierte Anleitung für Unternehmen aus Industrie und Dienstleistung. Er soll zu einem Beschwerdemanagement beitragen, das die Steuerung des Unternehmens optimal unterstützen kann. Die hier erarbeitete Metrik hilft dabei, die Zählweise von Kundenbeschwerden und -reklamationen zu vereinheitlichen und Kennzahlen sowohl branchenintern als auch branchenübergreifend zu vergleichen.

Der Aufbau dieses Leitfadens ermöglicht dem Leser, sich zunächst in Kürze die theoretischen Grundlagen des Beschwerdemanagements anzueignen, um anschließend die für ihn relevanten Kennzahlen festzulegen und die Voraussetzungen der Messbarkeit zu schaffen.

Dafür wurde der Band in zwei Teile gegliedert. Teil I beschreibt ein einfaches Modell für Kennzahlen im Beschwerdemanagement, und in Teil II stellen wir ein komplexes, realitätsnahes Modell zur Kennzahlenbildung dar.

In Kapitel 1 erfolgt zunächst eine Klärung und Definition der im Band benutzten Begrifflichkeiten. Dazu gehören neben der Abgrenzung der Begriffe Beschwerde und Reklamation sowie der Definition der Beschwerdearten auch die Grundlagen der Kennzahlenbildung, die in Kapitel 2 vorgestellt werden. Eine wichtige Voraussetzung der Bildung von Kennzahlen ist die Klarheit über deren Zielsetzung und damit Aussagekraft. Kapitel 3 stellt dazu mögliche Merkmale vor und erläutert anhand einer einfachen Metrik von Kennzahlen die dafür notwendigen zu erhebenden Daten.

Im zweiten Teil des Bandes werden in Kapitel 4 weiter gehende, an der betrieblichen Realität orientierte Überlegungen zur Kennzahlenbildung aus dem Beschwerdemanagement heraus dargestellt. Ausgehend von den zuvor geschaffenen Grundlagen, beschreibt Kapitel 5 weitere, komplexere Zusammenhänge der Erstellung einer unternehmenseigenen Metrik. Der Leser erfährt hier, welche Besonderheiten und Einflussfaktoren zu berücksichtigen sind, um aussagekräftige und sinnvolle Kennzahlen zu erhalten. Nach Erhebung valider Kennzahlen schließt sich die Frage nach einer möglichen Vergleichbarkeit innerhalb des eigenen Unternehmens, aber auch mit anderen Unternehmen an. Zunächst geht es darum, die notwendigen Bedingungen für eine Vergleichbarkeit zu identifizieren. Dazu gehört die Bestimmung des zugrunde liegenden Geschäftsmodells und des zu bewertenden Leistungsbereichs. Die Möglichkeiten der Vergleichbarkeit werden in Kapitel 6 erläutert. Kapitel 7 fasst das Dargestellte zusammen und gibt Tipps zur Umsetzung.

Die Anwendung der Metrik ist ein wichtiger Schritt auf dem Weg zu einem unternehmensinternen, brancheninternen, aber auch branchenübergreifenden Benchmarking und einem zeitgemäßen Umgang mit Beschwerden im nationalen und internationalen Wettbewerb.

Teil I

Einfaches Modell für Kennzahlen im Beschwerdemanagement

1 Begriffe klären und Kategorien bilden

Für einen fachlich zutreffenden und sachlich korrekten Austausch sind Definitionen unerlässlich. Nur so kann sichergestellt werden, dass man auch über denselben Sachverhalt redet. Definitionen reduzieren inhaltliche Gegenstände zunächst auf das Wesentliche – die Basis, auf der Gespräche und sinnhafter Austausch möglich werden.

Beschwerdemanagement geht über den augenscheinlichen Zweck, Beschwerdeführer zufriedenzustellen und den Beschwerdebeantwortungsprozess zu managen, weit hinaus. Beschwerdemanagement ist ein facettenreicher Gesamtprozess, der bereits mit der Beschwerdeartikulation anfängt und letztlich zwei Ziele hat: eine bestmögliche Antwort für den Beschwerdeführer und eine interne Weiterbearbeitung, die zur Identifikation und Beseitigung möglicher Schwachstellen im Unternehmen führt.

1.1 Elemente des Beschwerdeprozesses

- **Beschwerdeartikulation:**
  Was der Beschwerdeführer sagt und wie er es sagt.

- **Beschwerdeannahme:**
  Was wir vom Gesagten aufnehmen und in welcher Form wir das tun.

- **Externer Beschwerdebearbeitungsprozess:**
  Wie wir eine Antwort auf die Beschwerde erstellen und an den Beschwerdeführer weitergeben.

- **Interner Beschwerdebearbeitungsprozess:**
  Wie wir die vom Beschwerdeführer aufgeführten Sachverhalte für den künftigen Erfolg des Unternehmens nutzbar machen.

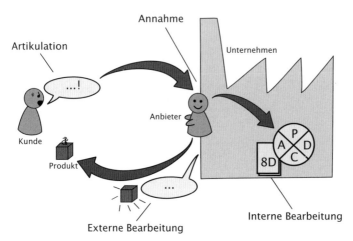

Bild 1.1 Beschwerdeartikulation, Beschwerdeannahme, interne und externe Beschwerdebearbeitung

In diesem Band geht es ausschließlich um den internen Beschwerdebearbeitungsprozess auf der Grundlage von Beschwerden, die von außen in ein Unternehmen gelangen: um den Nutzen, den Unternehmen daraus ziehen können (Bild 1.1).

▓ 1.2 Beschwerden und Reklamationen

Die Begriffe Beschwerde und Reklamation werden im täglichen Gebrauch oftsynonym verwendet. Die Unterscheidung beider Begriffe ist jedoch für die nachfolgenden Ausführungen entscheidend. In der Literatur finden sich folgende Definitionen:

1.2.1 Definition Beschwerde

„In einer umfassenderen Formulierung sind Beschwerden Artikulationen von Unzufriedenheit, die gegenüber Unternehmen oder auch Drittinstitutionen mit dem Zweck geäußert werden, auf ein subjektiv als schädigend empfundenes Verhalten eines Anbieters aufmerksam zu machen, Wiedergutmachung für erlittene Beeinträchtigungen zu erreichen und/oder eine Änderung des kritisierten Verhaltens zu bewirken."[1]

Unter Artikulationen sind alle verbalen und schriftlichen Meinungsäußerungen von Kunden zu verstehen, die darauf abzielen, den Informationsempfänger über bestimmte Tatbestände zu unterrichten. Aus derartigen Äußerungen geht eindeutig hervor, dass der Beschwerdeführer unzufrieden ist. Die Artikulation muss nicht unbedingt gegenüber dem Unternehmen selbst geäußert werden; der Kunde kann sich stattdessen oder zugleich an Drittinstitutionen (z. B. Schieds- oder Schlichtungsstellen, Verbraucherorganisationen, staatliche Stellen oder Medien) wenden. Beschwerden können nicht nur von Kunden, sondern auch von anderen Personen oder unternehmerischen Anspruchsgruppen vorgebracht werden, z. B., wenn diese sich durch einen Werbespot diskriminiert fühlen oder die Belastung der Umwelt durch ökologisch bedenkliche Produktionsprozesse beklagen. Damit ist bereits angesprochen, dass sich Unzufriedenheit keinesfalls immer auf einen Mangel am zuvor gekauften Produkt oder einen anderen Aspekt des Marktangebots (z. B. den Preis oder die Werbung) beziehen muss. Gegenstand von Beschwerden kann darüber hinaus auch das gesellschaftspolitische Verhalten des Unternehmens sein.

Beschwerdeführer müssen nicht zwingend Kunden des Unternehmens sein, über das sie sich oder bei dem sie sich beschweren. Es kann sich auch um Institutionen handeln, die im Sinne der „Öffentlichkeit" auftreten. Das gilt z. B. für Medien wie Zeitungen, TV, Radio und Internet oder für Anwälte, Verbraucherschutzorganisationen, Behörden etc.

Umgangssprachlich werden Beschwerden auch als „Reklamationen" bezeichnet. Diese Betrachtung kehrt die tatsächlichen Verhältnisse aber um, denn Reklamationen sind eine Teilmenge der Beschwerden, während Beschwerden nicht zwangsläufig Reklamationen sein müssen. Sofern in diesem Buch von Beschwerden gesprochen wird, impliziert das stets auch die „Beschwerdeteilmenge" Reklamationen.

---

1 Seidel, W.; Stauss, B.: *Beschwerdemanagement. Unzufriedene Kunden als profitable Zielgruppe.* Carl Hanser Verlag, 5. Auflage, 2014.

1.2.2 Definition Reklamation

„Versteht der Kunde diese Forderung als Anspruch an das Unternehmen, den er unter Umständen auch auf dem Rechtswege durchsetzen kann, spricht man von Reklamation."[2] In diesem Sinne bezeichnet der Begriff Reklamation eine Teilmenge der Beschwerden: diejenigen, in denen Kunden in der Phase nach dem Erwerb Beanstandungen an einem Produkt oder einer Dienstleistung explizit oder implizit mit einer kaufrechtlichen Forderung verbinden, die gegebenenfalls juristisch durchgesetzt werden kann.[3]

■ 1.3 Beschwerdekategorien: berechtigt, unberechtigt, unklar

1.3.1 Berechtigte Beschwerden

Bei berechtigten Beschwerden liegt ein objektiv nachvollziehbares Verschulden des Unternehmens vor, aus dem ein (rechtlicher) Anspruch des Käufers bzw. Beschwerdeführers abgeleitet werden kann. Vereinbarungen z. B. wurden nicht eingehalten, zugesagte Leistungen nicht erbracht, versprochene Produkteigenschaften treffen nicht zu.

 Beispiel 1

Ein Hersteller von Fischgerichten verspricht umweltverträgliche Produktion aus Zucht und betont, dass für seine Produkte keinerlei Raubbau an der Natur betrieben wird. Ein Kunde beschwert sich, dass sich die Zulieferer des Unternehmens laut den Angaben einer Umweltorganisation nachweislich nicht daran halten.

---

2 Ebd., S. 29.
3 Ebd.

In diesem Beispiel liegt eine berechtigte Beschwerde vor, obwohl rechtlich nicht zwingend ein Vergehen des Unternehmens besteht. Es handelt sich hierbei vielmehr um einen Verstoß gegen einen öffentlichen Unternehmenswert, der als Produktgarantie angesehen werden kann.

Beispiel 2

Der Rechtsanwalt eines Kunden beschwert sich bei einer Bank, dass sie ein Beratungsgespräch mit seinem Mandanten nicht im Rahmen der gesetzlichen Vorschriften dokumentiert hat.

In diesem Fall liegt ein klar erkennbarer Verstoß gegen geltendes Recht vor.

Beispiel 3

Ein Patient im Krankenhaus benötigt nach einem operativen Eingriff zweimal täglich einen Verbandwechsel. Dieser wird an mehreren Tagen nicht durchgeführt. Er beschwert sich darüber beim Pflegepersonal.

In den sogenannten allgemeinen Krankenhausleistungen wird eine „medizinisch zweckmäßige und ausreichende Versorgung" des Patienten geregelt und ist Bestandteil des Behandlungsvertrags. Auch hier liegt also ein Verstoß gegen geltendes Recht vor.

1.3.2 Unberechtigte Beschwerden

Weder liegt ein Verschulden des Unternehmens (Verkäufers) nach geltendem Recht vor, noch wird eine vom Unternehmen gegebene Garantie verletzt oder eine werblich genutzte Aussage widerlegt. Als Folge kann die Beschwerde abgelehnt oder auf Kulanz angenommen werden.

Beispiel 1

Ein Kunde beschwert sich bei einem Hersteller von Fischgerichten, dass dieser keine natürlich aufgewachsenen Fische
im Angebot hat, obwohl das Unternehmen explizit und für
Kunden klar erkennbar nur Fische aus Züchtungen anbietet.

Beispiel 2

Ein Kunde beschwert sich, dass eine Bank keine Girokonten
anbietet, obwohl das Unternehmen klar erkennbar nur als
Anlageinstitut am Markt positioniert ist.

Beispiel 3

Ein Patient im Krankenhaus unterzieht sich einem operativen Eingriff. Die Heilung der Wunde verzögert sich; der Patient muss sich schmerzhaften Wundversorgungen unter-
ziehen, sein Krankenhausaufenthalt verlängert sich um
mehrere Tage. Nachdem er entlassen wurde, beschwert er
sich darüber bei der Beschwerdestelle des Krankenhauses.

1.3.3 Unklare Beschwerden

Es kann nicht immer entschieden werden, ob eine Beschwerde berechtigt ist oder nicht. Das kann sowohl faktische als auch kaufmännische
Gründe haben. Die Ursache der Beschwerde kann nicht mehr objektiv
nachgeprüft werden, oder ein geringer Schweregrad der Beschwerde
rechtfertigt den Aufwand zur Ermittlung der tatsächlichen Ursache
nicht.

Wenn Unternehmen Wertgrenzen bei der Behandlung von Beschwerden
festgelegt haben, ist dieses Vorgehen oft ein Hinweis darauf, dass sie
unklare Beschwerden bereits als eigene Kategorie verwenden. In vielen
Fällen erfolgt dies jedoch eher intuitiv bzw. unter dem Gesichtspunkt der
Wirtschaftlichkeit, ohne dass eine konkrete Kategorisierung zur besseren Belastbarkeit von Kennzahlen damit verbunden wird.

Beispiel 1

Ein Kunde leidet nach einer Fischmahlzeit an einer vorüber-
gehenden Magen-Darm-Erkrankung und gibt die Schuld
dem Hersteller. Allerdings grassiert zur selben Zeit auch
eine Viruserkrankung, die die gleichen Symptome zeigt. Er-
krankungen anderer Kunden sind nicht bekannt.

In diesem Fall wäre es äußerst schwierig und wirtschaftlich unsinnig,
herauszufinden, was denn nun die tatsächliche Ursache für die Erkran-
kung des Kunden war.

Beispiel 2

Ein Kunde hat am Bankschalter einen Umbuchungsauftrag
erteilt, da er einen Geldeingang auf sein Konto erwartet. Er
beschwert sich, dass die Umbuchung nicht bereits am Tag
der Beauftragung erfolgt ist, sondern erst am Tag des tatsächlichen Geldeingangs. Hierdurch sind auf dem Empfän-
gerkonto Soll-Zinsen entstanden, die bei sofortiger Auf-
tragsausführung nicht angefallen wären.

Diesem Beispiel liegt ein klassisches Missverständnis zugrunde. Der
Kunde wollte mit der Auftragserteilung erreichen, dass die Umbuchung
unverzüglich vorgenommen wird, und mit der Ankündigung des kom-
menden Geldeingangs nur auf die „Wiederauffüllung" des belasteten
Kontos hinweisen. Der Bankangestellte verstand den Auftrag jedoch so,
dass die Ausführung erst mit tatsächlichem Geldeingang auf dem zu
belastenden Konto erfolgen sollte. Es wurde jedoch von keiner Seite klar
artikuliert, was tatsächlich gemeint war bzw. was aufgefasst wurde. Da
in diesem Fall kein klarer Ausführungstermin angegeben war, kann
auch nicht eindeutig festgelegt werden, wessen Auffassung objektiv korrekt ist.

Beispiel 3

Ein Patient im Krankenhaus beschwert sich über seine un-
schöne Narbe nach einem operativen Eingriff.

Hier ist der Sachverhalt zunächst unklar: Liegt es an der Disposition des Patienten, oder hätte der Operateur die Narbe anders nähen sollen? Es kommt nun darauf an, wie das Krankenhaus mit dieser Unklarheit umgeht. Es kann die Beschwerde zurückweisen und abwarten, ob der Patient – möglicherweise sogar vor Gericht – eine Klärung herbeiführt. Hierbei können hohe Kosten und Aufwände für Gutachten und Gerichtskosten entstehen. Das Krankenhaus kann die Beschwerde auch „auf Kulanz" annehmen und mit dem Patienten eine Nachoperation zur ästhetischen Korrektur der Narbe vereinbaren.

◼ 1.4 Beschwerdearten

1.4.1 Mehrfachbeschwerden

Mehrfachbeschwerden sind Beschwerden und Reklamationen, die von mehreren Kunden und Leistungsempfängern geäußert werden, aber auf eine einzelne Ursache zurückzuführen sind.

 Beispiel
Stromausfall in mehreren Haushalten durch einen Defekt in einer zentralen Stromversorgungseinheit (Transformator oder Erdkabel sind defekt).

1.4.2 Wiederholungsbeschwerden

Die Beschwerde wird nicht zur Zufriedenheit des Beschwerdeführers bearbeitet, und dies führt zu einer erneuten Beschwerde zum gleichen Sachverhalt.

1.4.3 Folgebeschwerden

Folgebeschwerden sind Beschwerden über eine fehlerhafte Umsetzung der Wiedergutmachung, die im Rahmen einer Beschwerdebearbeitung mit dem Beschwerdeführer abgestimmt und verbindlich zugesagt wurde.

Dadurch hat der Beschwerdeführer einen neuen Grund zur Beschwerde, der jedoch auf die ursprüngliche Beschwerde zurückzuführen ist.

1.4.4 Sammelbeschwerden

Die einzelnen Kunden richten ihre Beschwerde an den (Einzel-)Händler, bei dem sie das Produkt erworben haben. Die Einzelhändler leiten die Beschwerden gegebenenfalls bereits gesammelt an den Großhändler weiter. Dieser wiederum „sammelt" nochmals von seinen Einzelhändlern und gibt lediglich eine Sammelbeschwerde mit x Einzelbeschwerden an das produzierende Unternehmen weiter.

Im genannten Beispiel sieht der Beschwerdeweg wie in Bild 1.2 aus.

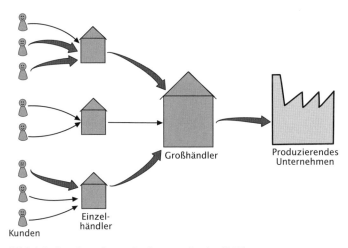

Bild 1.2 Beschwerdeweg Business-to-Dealer (B2D)

In der Praxis werden die Beschwerden dabei in den meisten Fällen dem Beschwerdeführer gegenüber direkt vom jeweiligen Beschwerdeempfänger beantwortet, bevor sie überhaupt den nächsten Beschwerdeempfänger in dieser Kette erreichen. Sammelbeschwerden treten im Regelfall nur dann auf, wenn zwischen dem produzierenden Unternehmen und dem Endkunden mindestens zwei Händler zwischengeschaltet sind.

Praxistipps

- Nehmen Sie Beschwerden stets als Ausdruck von Unzufriedenheit oder der Nichterfüllung von Erwartungen wahr.
  Halten Sie stets fest, wer im jeweiligen Beschwerdeprozess die betroffenen Parteien sind, und benennen Sie Ihre
  konkreten Ansprechpartner.

- Schaffen Sie klare Begrifflichkeiten wie z. B.: Reklamationen sind Beschwerden, die Beanstandungen mit einer
  kaufrechtlichen Forderung verbinden, die gegebenenfalls
  juristisch durchgesetzt werden kann.

- Kategorisieren Sie Ihre Beschwerden aus Ihrer Unternehmenssicht in berechtigte und unberechtigte Beschwerden,
  und schaffen Sie eine Kategorie für unklare Beschwerden,
  bei denen eine objektive Einteilung in berechtigt oder
  unberechtigt nicht möglich ist oder wirtschaftlich unsinnig
  wäre.

- Schaffen Sie klare Definitionen für die Unterscheidung
  von aus Unternehmenssicht sinnvollen Beschwerdearten.

2 Grundlagen der Kennzahlenbildung

Bisher wurden Elemente des Beschwerdemanagements und hierbei notwendige Definitionen vorgestellt. Im Folgenden geht es um Grundlagen für den quantitativen Umgang mit Beschwerden, getreu dem Motto:

„Was du nicht messen kannst, das kannst du nicht bewerten."

Zur Quantifizierung von Aussagen über zahlenmäßig erfassbare Beschwerden dienen Kennzahlen. Aussagekräftigen Kennzahlen liegt eine Festlegung zur reproduzierbaren quantitativen Messung der Beschwerden zugrunde. Eine wichtige Voraussetzung der Bildung von Kennzahlen ist die Klarheit über ihre Zielsetzung und damit ihre Aussagekraft für eine bestimmte Fragestellung.

2.1 Erster Schritt: Festlegen der Fragestellung

Damit Kennzahlen belastbar sind und von allen Beteiligten akzeptiert werden, muss zunächst geklärt werden, was genau mit einer Kennzahl ausgesagt werden und welchen Zweck sie erfüllen soll.

Häufig wird einfach eine verfügbare Kennzahl als Indikator für einen Sachverhalt verwendet – obwohl diese Kennzahl vielleicht nicht genau diesen Sachverhalt misst. Ein Beispiel ist die Dauer der Beschwerdebearbeitung als Indikator für die Kundenzufriedenheit. Es kann sein, dass die Kunden zufriedener sind, wenn ihre Beschwerden schnell bearbeitet werden. Es ist aber genauso gut möglich, dass ein Unternehmen sehr viele sehr unzufriedene Kunden hat, obwohl alle ihre Beschwerden schnell bearbeitet werden.

Der erste Schritt bei der Entwicklung einer Kennzahl muss also immer die Festlegung der Frage sein, auf die diese Kennzahl eine Antwort geben soll.

Fehlt eine solche klare Abgrenzung und Zweckbestimmung, ist die mit einer Kennzahl erzielte Wirkung ein Glücksspiel. Zwar kann die Kennzahl auch ohne den zeitraubenden Aufwand einer Erläuterung des gewünschten Zwecks eine Steuerung sinnvoll und zielgerichtet unterstützen. Es ist aber wahrscheinlich, dass die gewünschte Aussagekraft nicht in genügendem Umfang erreicht wird und somit das Potenzial der Kennzahl nicht ausgeschöpft wird.

Hilfreich ist es, für diese Klärung folgende Fragen zu beantworten:

- Was soll mit welchem Ziel ermittelt werden?

- Welcher eventuell kritische Aspekt des Geschäftsfelds soll beobachtet und bewertet werden?

- Bei welchen Abweichungen soll korrigierend und verbessernd eingegriffen werden?

Daneben muss festgelegt werden, ob die Kennzahl eine qualitative, quantitative oder finanzielle Kontrolle ermöglichen soll.

Qualitative Kennzahlen können z. B. zur Messung der Kundenzufriedenheit oder des Images dienen. Kennzahlen, die mit Häufigkeiten verbunden sind, sind in der Regel quantitative Kennzahlen. Kennzahlen zu Kosten sind betriebswirtschaftlicher Natur und somit beispielsweise für die Überwachung der finanziellen Entwicklung geeignet.

Die quantitative Behandlung der Informationen aus dem Beschwerdemanagement ermöglicht Antworten auf folgende wichtige Fragestellungen:

- Welche Produkt-/Prozessqualität wird bei den Kunden wahrgenommen?

- Wie zufrieden sind die Kunden mit der Unternehmensleistung?

- Welche wirtschaftliche Bedeutung haben Kundenbeschwerden für das Unternehmen?

■ 2.2 Zweiter Schritt: Festlegen der Zählweise

Von den genannten Fragestellungen leitet sich die Zählweise ab, die zu aussagekräftigen Kennzahlen führt. Eine Kennzahl muss konsistent und belastbar sein. Dazu ist es unerlässlich, im Unternehmen festzulegen, wie und vor allem was gezählt werden soll. Beispielsweise muss für alle Beteiligten klar sein, ob Kunden, die sich mehrfach beschweren, nur einmal oder mehrmals gezählt werden und in welchen Fällen gegebenenfalls Ausnahmen davon gemacht werden sollen. Ebenso muss festgelegt werden, ob eine Beschwerde, in der mehrere Sachverhalte aufgeführt sind, als ein einzelner Vorgang gezählt wird oder ob mehrere Sachverhalte in einzelnen Beschwerden berücksichtigt werden und in welcher Weise dies geschieht. Diese Festlegung muss in der Praxis konsequent von allen Beteiligten umgesetzt werden. Nur so kann eine belastbare Kennzahl sichergestellt werden.

Werden solche Vorgehensweisen nicht klar geregelt und durchgängig umgesetzt, hat dies signifikante Auswirkungen auf die Aussagekraft einer Kennzahl.

■ 2.3 Grundkonzepte von Kennzahlen

Zu einer sauberen Definition der Zählweise gehört die Festlegung, ob absolute oder relative Kennzahlen ermittelt werden und ob es sich um Quoten oder Raten handelt. Diese Grundkonzepte werden im Folgenden detailliert erläutert.

2.3.1 Absolute und relative Kennzahlen

Eine **absolute Kennzahl** wird durch Zählen oder Messen erhoben und stellt die Anzahl einer Einheit dar.

$$\text{Absolute Kennzahl} = \text{Zahl}\left[\text{Einheit}\right]$$

Ein Beispiel für eine absolute Kennzahl ist die Anzahl der sich beschwerenden Kunden.

Absolute Kennzahl = Anzahl der sich beschwerenden Kunden

Eine **relative Kennzahl** zeichnet sich dadurch aus, dass eine absolute Kenngröße zu einer Bezugsgröße ins Verhältnis gesetzt wird. Durch die Relation der Zählweise zu einer Bezugsgröße entsteht mathematisch ein Bruch. Die so ermittelte relative Kennzahl wird in der Regel in Prozent ausgewiesen.

$$\text{Relative kennzahl}[\%] = \frac{\text{Anzahl (einer zählbaren Einheit)} \times 100}{\text{Bezugsgröße}}$$

Mathematisch lässt sich die relative Kennzahl darstellen in der Gleichung:

$$\text{Relative kennzahl}[\%] = \frac{\text{absolute Kenngröße} \times 100}{\text{Bezugsgröße}}$$

So stellt etwa das Verhältnis der Anzahl der sich beschwerenden Kunden zur Anzahl der Gesamtkunden eine relative Kennzahl dar.

$$\text{Relative kennzahl}(\%) = \frac{\text{Anzahl der sich beschwerenden Kunden} \times 100}{\text{Anzahl der Gesamtkunden}}$$

Eine derart ermittelte Kennzahl könnte z. B. „Anteil der Beschwerdekunden" genannt werden.

2.3.2 Quote und Rate

In diesem Zusammenhang ist die Unterscheidung zwischen Quoten und Raten wichtig.

Quoten

Eine Quote ist grundsätzlich eine relative Kennzahl und weist einen Anteil an einer Grundgesamtheit aus. Sie beinhaltet das Verhältnis von zwei Messgrößen der gleichen Einheit, bezogen auf den gleichen Zeitpunkt oder Zeitraum.

So ergibt sich die Beschwerdequote z. B. aus der Anzahl der registrierten Beschwerden bezogen auf die Anzahl der reklamier-/beschwerdefähigen

Einheiten als Bezugsmenge. Beschwerdefähige Einheiten können dabei komplette Lieferungen oder einzelne Produkte darstellen.

 Beispiel aus dem Dienstleistungsbereich

Ein Taxiunternehmer befördert innerhalb eines Quartals 1460 Fahrgäste. Davon beschweren sich 36 Gäste aus den unterschiedlichsten Gründen.

Setzt man diese beiden absoluten Kennzahlen (1460 Fahrgäste, 36 Beschwerdeführer) ins Verhältnis

$$\frac{\text{Anzahl der sich beschwerenden Fahrgäste} \times 100}{\text{Anzahl aller Fahrgäste}} = \frac{36 \times 100}{1.460} = 2{,}5\,\%,$$

so erhält man die Aussage, dass sich 2,5 % aller Fahrgäste beschwert haben. Das Unternehmen hat also eine Beschwerdequote von 2,5 %.

Aus zwei zueinander ins Verhältnis gesetzten (in diesem Beispiel absoluten) Kennzahlen ist somit eine Quote geworden.

Raten

Bei der Ermittlung einer Rate wird eine gezählte Größe auf eine Zeiteinheit bezogen. Eine Rate ist somit die absolute Anzahl einer Einheit innerhalb einer bestimmten Zeiteinheit. Entsprechend handelt es sich bei absoluten Kennzahlen dann um Raten, wenn die gezählten Einheiten bezogen auf eine definierte Zeiteinheit erfasst und analysiert werden. Eine Rate wird „pro Zeiteinheit" wiedergegeben, z. B. pro Tag, pro Woche oder pro Monat.

So ergibt sich die Beschwerderate aus der Anzahl der registrierten Beschwerden bezogen auf eine Zeiteinheit.

 Beispiel aus dem Dienstleistungsbereich

Ein Taxiunternehmer vergleicht die Anzahl der Beschwerdekunden pro Monat in einem Quartal. Im Januar waren es 15 Gäste, die sich beschwerten, im Februar zwölf und im März nur neun Fahrgäste.

Somit hat er einen Überblick über die jeweiligen Beschwerderaten und kann Rückschlüsse darauf ziehen, welche Faktoren in den einzelnen Zeiträumen zu einer Verringerung bzw. Erhöhung der jeweiligen Beschwerderate geführt haben. ∎

■ 2.4 Akzeptanz und Anwendung von Kennzahlen

Kennzahlenmarketing

Kennzahlen sollten im Unternehmen nicht erst im Rahmen von Reportings und darauf basierenden Maßnahmen kommuniziert und diskutiert werden. Sie sollten vielmehr von Anfang an so erstellt, berechnet und transparent gemacht werden, dass sie allgemein anerkannt und akzeptiert sind. Um das zu erreichen, ist es empfehlenswert, die Bereichs- und Abteilungsleiter, die später mit den Kennzahlen arbeiten werden, in den Erstellungsprozess einzubinden. Bereits vor der ersten Kennzahlenermittlung sollten alle entstehenden Fragen eingehend besprochen und Unklarheiten beseitigt werden. Außerdem sollten Sie Ihre Kennzahlenermittlungsmethoden systematisch und regelmäßig darauf überprüfen, ob sie in der praktischen Anwendung (noch) sinnvoll sind oder ob es Veränderungen in den Prozessen oder Zielen gegeben hat, die eine Anpassung notwendig machen.

Anwendung von Kennzahlen

Wenn man mit einer Kennzahl nicht nur eine rein quantitative Entwicklung absoluter Zahlen im Zeitverlauf aufzeigen will, sondern daraus auch weitere Rückschlüsse abgeleitet werden sollen, muss die Zählweise meistens zu einer Bezugsgröße ins Verhältnis gesetzt werden, um Einflussgrößen zu normieren. So kann man z. B. eine Bandbreite festlegen, in der die relative Mängelanzahl bezogen auf die Anzahl der produzierten Stücke toleriert werden kann. Handlungsbedarf entsteht erst dann, wenn die festgelegte Bandbreite über- oder unterschritten wird. Eine derartige Kennzahl hat echten Steuerungscharakter.

Wenn Kennzahlen verschiedener Zeiträume oder verschiedener Organisationseinheiten miteinander verglichen werden sollen, ist die Verwendung von Quoten am zielführendsten. Da Quoten immer eine Bezugsgröße haben, wird ein Verhältnis geschaffen, das bei gleichartiger Berechnung der Kennzahl eine bessere Vergleichbarkeit gegenüber absoluten Zahlen ermöglicht.

Vergleichen Sie z.B. die (absolute) Beschwerdeanzahl von zwei Unternehmen: Beide hatten in einem Vergleichszeitraum 15 000 Beschwerden zu verzeichnen. Auf den ersten Blick sieht das gleich aus. Da Unternehmen A jedoch 300 000 Kunden und Unternehmen B 600 000 Kunden hat, stellt sich die Beschwerdequote von Unternehmen B doppelt so gut dar wie die von Unternehmen A. Daher sollten Sie stets eine klare Unterscheidung zwischen Raten und Quoten treffen, bevor Sie sich mit anderen vergleichen.

 Praxistipps

- Legen Sie zuerst die konkrete Fragestellung und darauf basierend ein klares Vorgehen bei der Zählweise fest.
- Unterscheiden Sie absolute und relative Kennzahlen sowie Raten und Quoten, und halten Sie die Unterscheidungen auch im Reporting und Wording klar ein.
- Vergleichen Sie Ihr Unternehmen nicht mit anderen Unternehmen, wenn nur absolute Kennzahlen und Raten vorliegen. Vergleichen Sie nur Quoten, die auf die gleiche Weise mit denselben Parametern ermittelt worden sind, da bei verschiedenen Unternehmen nie alle Unternehmensparameter wie Kundenanzahl, Produktionsausstoß, Vertriebswege etc. 100 %ig vergleichbar sein werden.
- Machen Sie Ihre Kennzahlenermittlungsmethoden transparent, und holen Sie die Akzeptanz der Kennzahlennutzer ein, indem Sie sie über die Ermittlungsmethoden systematisch informieren und in eine regelmäßige Überprüfung der verwendeten Methoden einbeziehen.

3 Vereinfachte Metrik von Kennzahlen

Um unterschiedliche Unternehmen miteinander zu vergleichen, bieten sich die drei Merkmale Produkt-/Prozessqualität, Beschwerdekosten und Kundenzufriedenheit an. Im Folgenden werden sie im Detail dargestellt.

Welches dieser Merkmale oder welche Kombination dieser Merkmale für einen Leistungsvergleich herangezogen wird, ist abhängig von der Fragestellung und dem Ziel, das sich die beteiligten Parteien setzen. Für jedes der benannten Merkmale wird im Folgenden eine eigene geeignete Kennzahl in Form einer relativen Kenngröße, der Beschwerdequote, definiert.

Im Sinne der Übersichtlichkeit wird die Definition der Kennzahlen zunächst auf die Betrachtung von Reklamationen beschränkt. Entsprechend werden in diesem Kapitel die Begriffe Reklamation, Reklamationskosten und Reklamationsquote verwendet, nicht die Begriffe Beschwerde, Beschwerdekosten und Beschwerdequote.

■ 3.1 Einfache Kennzahl für die Produkt-/Prozessqualität

Diese Kennzahl dient der direkten Bewertung der Produktqualität (im Sinne der Qualität des Ergebnisses) und der Prozessqualität (im Sinne der Qualität des Weges der Produkterstellung) in einem Unternehmen sowie dem Vergleich der Produktqualität mit der anderer Unternehmen.

Die Kennzahl wird über den Anteil fehlerhafter Einzelprodukte ermittelt, die beim Kunden zur Reklamation führen.

In erster Linie ist dabei die Anzahl der fehlerhaften, reklamierten Einheiten relevant. Gezählt werden nur die fehlerhaften Einheiten aus berechtigten Reklamationen. Die Berücksichtigung von unberechtigten Reklamationen würde zu einer falschen Bewertung bezüglich der Qualität eines Produkts führen. Als Bezugsgröße ist die Anzahl der ausgelieferten Produkte zu wählen.

Wir definieren die **Reklamationsquote Produktqualität (RQPq)** als Kennzahl für die Produkt-/Prozessqualität folgendermaßen:

Kennzahl, die Angaben über das Verhältnis von tatsächlich fehlerhaften Produkten zur Gesamtzahl der gelieferten Produkte in einem festgelegten Betrachtungszeitraum macht. Dabei kann es sich bei dem Produkt um einen Artikel oder um eine Dienstleistung handeln.

$$\text{RQPq} = \frac{\text{Anzahl berechtigt reklamierter Produkte}}{\text{Anzahl ausgelieferter Produkte}}$$

3.1.1 Zählweise

Jede berechtigt reklamierte Ware bzw. Dienstleistung wird gezählt.

3.1.2 Berechnung

$$\frac{\text{Anzahl berechtigt reklamierter Produkte} \cdot 1.000.000}{\text{Anzahl ausgelieferter Produkte}} = \text{RQPq}\,[\text{dppm}]$$

Dabei handelt es sich um eine Kennzahl, die überwiegend in der Industrie benutzt und dort häufig auch als „Fehlerrate" bezeichnet wird. Mit einer solchen Kennzahl wird die Anzahl von Fehlern bezogen auf eine Million Teile gemessen.[4] Aus diesem Grund ist im Zähler der Berechnung die gezählte Einheit mit 1 000 000 multipliziert worden (mehr dazu in Kapitel 5.1.2).

---

4 dppm = defect parts per million (defekte Teile pro einer Million Teile).

Wenn Sie eine Kennzahl, die auf dppm lautet, durch 1000 teilen, erhalten Sie die Kennzahl als Prozentangabe. Alternativ kann auch gleich bei der Berechnung im Zähler die gezählte Einheit mit 100 multipliziert werden, um eine Prozentangabe zu erhalten. Die Gleichung lautet dann:

$$\frac{\text{Anzahl berechtigt reklamierter Produkte} \cdot 100}{\text{Anzahl ausgelieferter Produkte}} = \text{RQPq}\,[\%]$$

Beispiel aus der Industrie

An einen Kunden erfolgen innerhalb eines Monats 20 Lieferungen über je 1000 Teile. Der Kunde reklamiert zwei Lieferungen. Tatsächlich erweisen sich lediglich zehn Teile als fehlerhaft.

$$\frac{10\ \text{St.} \cdot 1.000.000}{20 \cdot 1.000\ \text{St.}} = 500\ \text{dppm}$$

Dies entspricht einer Reklamationsquote RQPq von 500 dppm oder 0,05 Prozent.

Bei diesem Beispiel wird deutlich, dass 500 defekte Teile eine größere Aufmerksamkeit auf sich ziehen als lediglich 0,05 % defekte Teile. Eine Kennzahl als dppm auszuweisen, macht in der Regel erst Sinn, wenn eine Prozentangabe nicht vor der zweiten oder dritten Nachkommastelle einen Wert größer null aufweist.

Beispiel aus dem Dienstleistungsbereich

Innerhalb eines Tages führt ein Taxiunternehmen 40 Fahrten durch. Zwei davon werden von Kunden reklamiert. Nur eine Reklamation ist berechtigt.

$$\frac{1\ \text{berechtigt reklamierte Fahrt} \cdot 100}{40\ \text{Fahrten}} = 2,5\ \%$$

Die Reklamationsquote (RQPq) beträgt 2,5 %.

◼ 3.2 Einfache Kennzahl für die Reklamationskosten

Diese Kennzahl ist unabhängig von der Anzahl der Kundenreklamationen oder Produktfehler.

Maßgeblich misst sie den wirtschaftlichen Aspekt von Reklamationen, den „monetären Schaden", der durch die Reklamationen entstanden ist. Bei der Auswertung müssen alle Reklamationskategorien berücksichtigt werden, da auch unberechtigte Reklamationen Kosten im Unternehmen verursachen. Als Bezugsgröße ist der Umsatz des Unternehmens mit den ausgelieferten Produkten zu wählen.

Die Kennzahl für die Reklamationskosten, die **Reklamationsquote Kosten (RQKo)**, wird in diesem Band wie folgt definiert:

Kennzahl, die Angaben über das Verhältnis der bei Bearbeitung bzw. Behebung der Reklamation angefallenen Kosten zum Umsatz innerhalb eines festgelegten Zeitraums macht.

$$RQKo = \frac{\text{Kosten durch Reklamationen}}{\text{Umsatz des Unternehmens}}$$

3.2.1 Zählweise

Es sind die Gesamtkosten zu berücksichtigen, die sich aus externem und internem Aufwand ergeben. Alle angefallenen Kosten (z. B. für Ersatz, Nachbesserung, Transport, Kundenbesuch, Entsorgung, Entschädigung, Konventionalstrafe), die zur Behebung von berechtigten und unberechtigten Reklamationen – unabhängig vom Kostenträger – aufgebracht werden müssen, werden gezählt. Gutschriften durch Dritte (intern/ extern) dürfen im Regelfall nicht gegengerechnet, also nicht von den dem Unternehmen entstandenen Kosten abgezogen werden. Andernfalls würde die Rechnung zu unübersichtlich, und die Kennzahl könnte fehlinterpretiert werden (siehe auch Kapitel 5.2.2).

3.2.2 Berechnung

$$\frac{\text{Kosten durch Reklamationen} \cdot 100}{\text{Umsatz des Unternehmens}} = \text{RQKo}\,[\%]$$

Beispiel

Für zwei Reklamationen innerhalb eines Monats fallen folgende Kosten an:

- 2 pauschale Bearbeitungen à € 150,00
- 1 Kundenbesuch à € 400,00
- 1 Nachbesserung à € 3000,00
- 1 Ersatz à € 5500,00
- 1 Entsorgung à € 800,00

Hiervon werden von der Versicherung € 2500,00 übernommen. Dieser Betrag geht aber nicht in die Kennzahl ein.

Das Unternehmen macht im gleichen Zeitraum einen Umsatz von € 350.000,00.

$$\frac{2 \cdot 150\ \text{€} + 400\ \text{€} + 3.000\ \text{€} + 5.500\ \text{€} + 800\ \text{€} \cdot 100}{350.000\ \text{€}} = 2,86\ \%$$

Die Reklamationsquote Kosten (RQKo) beträgt 2,86 %.

3.3 Einfache Kennzahl für die Kundenzufriedenheit

Diese Kennzahl dient als „vereinheitlichter" Gradmesser für die Kundenzufriedenheit.

Es müssen sowohl berechtigte als auch unberechtigte Reklamationen gezählt werden, denn beide Reklamationssituationen führen zum Mehraufwand des Kunden und zur Unzufriedenheit. Jeder Kundenkontakt im Zuge der Reklamation wird gezählt.

Als Bezugsgröße ist die Anzahl der Kundenkontakte zu wählen. Hier ist also in erster Linie nicht eine gelieferte Menge bzw. Auftragsgröße eines Produkts relevant, sondern die erfolgten „Kundenkontakte" (z. B. Lieferungen oder Bestellungen) sind ausschlaggebend.

Die Kennzahl für die Kundenzufriedenheit, die **Reklamationsquote Kundenzufriedenheit (RQKd)**, wird in diesem Band wie folgt definiert:

Kennzahl, die Angaben über das Verhältnis von Kundenkontakten im Zuge einer Reklamation zur Gesamtzahl der Kundenkontakte in einem festgelegten Zeitraum macht. Bei einem Kundenkontakt kann es sich z. B. um den Kauf eines einzelnen Artikels oder einer umfassenden Waren- oder Dienstleistungseinheit handeln.

$$RQKd = \frac{\text{Anzahl der Kundenkontakte mit Reklamation}}{\text{Gesamtzahl der Kundenkontakte}}$$

3.3.1 Zählweise

Jede reklamierte Waren- bzw. Dienstleistungseinheit wird gezählt. Gezählt werden alle Kundenkontakte.

3.3.2 Berechnung

$$\frac{\text{Anzahl Kundenkontakte mit Reklamation} \cdot 100}{\text{Anzahl erfolgter Kundenkontakte}} = RQKd\,[\%]$$

Beispiel aus der Industrie

An einen Kunden gehen innerhalb eines Monats 20 Lieferungen über je 1000 Stück; der Kunde reklamiert zwei dieser Lieferungen.

$$\frac{2 \text{ reklamierte Lieferungen} \cdot 100}{20 \text{ Lieferungen}} = 10\ \%$$

Die Reklamationsquote (RQKd) beträgt 10 %.

Beispiel aus dem Dienstleistungsbereich

Innerhalb eines Tages führt ein Taxiunternehmen 40 Fahrten durch. Zwei davon werden von Kunden reklamiert.

$$\frac{2 \text{ reklamierte Fahrten} \cdot 100}{40 \text{ Fahrten}} = 5\%$$

Die Reklamationsquote (RQKd) beträgt 5 %.

Praxistipps

- Beschränken Sie sich zur besseren Übersichtlichkeit zunächst „nur" auf Reklamationen.
- Stellen Sie klar und interpretationsfrei heraus, welche Kategorien, Einheiten und Bezugsgrößen zur Bildung der einzelnen Merkmale herangezogen werden müssen.
- Bilden Sie eine Kennzahl für die Produkt-/Prozessqualität und legen Sie fest, ob für Ihr Unternehmen eine dppm- oder Prozentangabe zielführender ist.
- Ermitteln Sie auf die gleiche Weise Ihre Kennzahlen für Reklamationskosten und Kundenzufriedenheit.

Teil II

Komplexes, praxisgeeignetes Modell für Kennzahlen im Beschwerdemanagement

4 Kennzahlenbildung in der Praxis

In Kapitel 3 wurde die Kennzahlenbildung auf die Reklamationen begrenzt, um die Kennzahlen verständlich darzustellen. In der Praxis bedarf es einer komplexeren Betrachtungsweise, um eine realistische und sinnvolle Nutzung der Beschwerdekennzahlen zu ermöglichen.

Beschwerdekennzahlen werden hauptsächlich als Indikatoren für die Merkmale Produkt-/Prozessqualität, Kundenzufriedenheit und Beschwerdekosten ermittelt. Für jede dieser Kennzahlen muss entschieden werden, welche Beschwerdekategorie zu berücksichtigen ist, welche Einheit gezählt und auf welche Größe diese Zahl bezogen wird.

In diesem Kapitel wird das bisher Betrachtete um die folgenden Punkte erweitert:

- Welche Beschwerden müssen überhaupt erfasst werden (Erfassungsebenen I bis IV)?

- In welchen unterschiedlichen Einheiten kann gezählt werden?

- Welche Besonderheiten gibt es bei der Zählweise?

Vor einer genaueren Darstellung der Merkmale im Zusammenhang mit den Erfassungsebenen und Beschwerdeeinheiten werden zum besseren Verständnis die Begriffe Erfassungsebene und Beschwerdeeinheit im Kontext von Beschwerden erläutert.

■ 4.1 Erfassungsebenen: Welche Beschwerden werden erfasst?

4.1.1 Das Konzept der Erfassungsebenen

Bild 4.1 zeigt die unterschiedlichen Erfassungsebenen in der Übersicht.

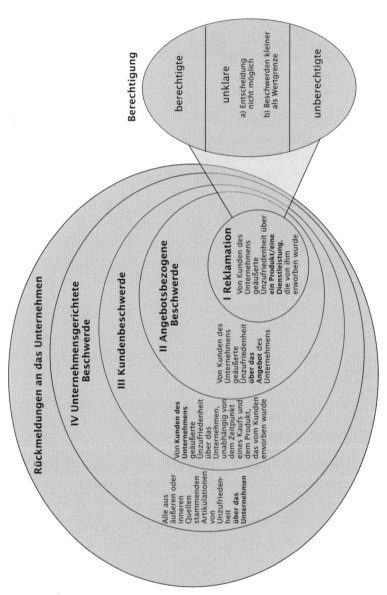

Bild 4.1 Übersicht über die Erfassungsebenen

4.1.1.1 Ebene I: Reklamation

Eine Reklamation ist eine von einem Kunden des betroffenen Unternehmens geäußerte Unzufriedenheit über ein Produkt, das von ihm erworben, oder eine Dienstleistung, die von ihm in Anspruch genommen wurden (Bild 4.2).

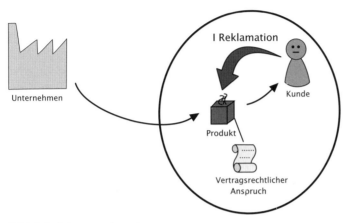

Bild 4.2 Erfassungsebene I

 Beispiel

Ein Kunde eines Telekommunikationsunternehmens erhält zum zugesagten Termin die bestellte und verbindlich bestätigte Lei(s)tung nicht.

Es handelt sich um eine Reklamation, wenn ein eindeutiger, objektivierbarer Beschwerdegrund vorliegt, der durch gesetzliche Vorgaben und/oder vertragliche Vereinbarungen nachvollziehbar festgelegt ist, sich die Beschwerde also auf eine sachlich nachvollziehbare, klare Rechtslage bezieht.

4.1.1.2 Ebene II: Angebotsbezogene Beschwerde

Eine angebotsbezogene Beschwerde ist eine von einem Kunden des betroffenen Unternehmens geäußerte Unzufriedenheit über das Angebot und/oder die Leistung des Unternehmens (Bild 4.3).

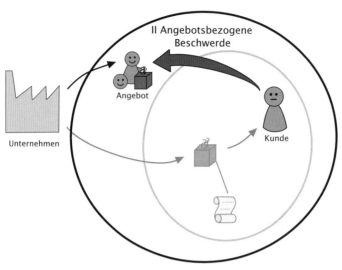

Bild 4.3 Erfassungsebene II

In diese Erfassungsebene fallen zwei unterschiedliche Sachverhalte. Zum einen können hier Beschwerden über nicht vertraglich zugesicherte Eigenschaften einer erworbenen Leistung/eines erworbenen Produkts abgebildet werden. Es können zum anderen aber auch Beschwerden darüber erfasst werden, dass erwartete Leistungen in der Produktpalette fehlen.

Beispiele aus der Möbelbranche

Sachverhalt 1: Ein Kunde eines Möbelherstellers beschwert sich über die Unfreundlichkeit und Inkompetenz des Beraters im Rahmen eines Kaufgesprächs im Geschäft.

Sachverhalt 2: Ein Kunde eines Möbelherstellers beschwert sich, dass der Lieferant nicht den Aufbau der Möbel mit anbietet.

Beispiele aus dem Gesundheitsbereich

Sachverhalt 1: Eine Krankenschwester unterstützt einen Patienten bei der Körperpflege. Diese wird zwar sachgerecht durchgeführt, ihr Verhalten dabei wird vom Patienten allerdings als unfreundlich und nicht zugewandt empfunden, sodass er sich darüber beschwert.

Sachverhalt 2: Der Patient bemängelt, dass das Krankenhaus keine Seelsorge anbietet.

Beiden gemeinsam ist: Es wird ein Produkt oder eine Dienstleistung erworben (per Vertrag), gleichzeitig ist eine Erwartung hinsichtlich der Dienstleistung (Kompetenz, Freundlichkeit) mit dem Kauf verknüpft.

Es handelt sich hierbei um die „klassische" Beschwerde, die angebotsbezogen geäußert werden kann.

4.1.1.3 Ebene III: Kundenbeschwerde

Eine Kundenbeschwerde ist eine von einem Kunden des betroffenen Unternehmens geäußerte Unzufriedenheit über das Unternehmen, unabhängig von angebotenen oder erworbenen Leistungen (Bild 4.4).

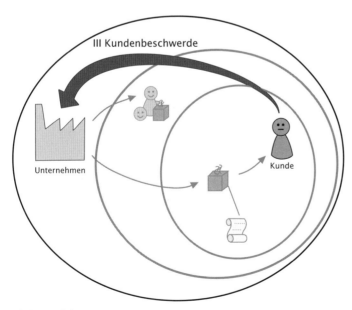

Bild 4.4 Erfassungsebene III

Beispiel

Ein Kunde, der ein Produkt eines Discount-Bekleidungs-
herstellers erworben hat, beschwert sich über die Arbeits-
bedingungen, unter denen die Kleidungsstücke hergestellt
werden.

Die Beschwerde des Kunden bezieht sich also nicht direkt auf das erworbene Produkt oder die erworbene Dienstleistung und damit verbundene Erwartungen, sondern über diese Ebene hinaus auf eine allgemeinere Unternehmenspolitik. Sie ist also losgelöst von der eigentlichen Kauf-/Servicesituation.

4.1.1.4 Ebene IV: Unternehmensgerichtete Beschwerde

Zu den unternehmensgerichteten Beschwerden zählen alle aus äußeren oder inneren Quellen stammenden Artikulationen von Unzufriedenheit über das Unternehmen (Bild 4.5).

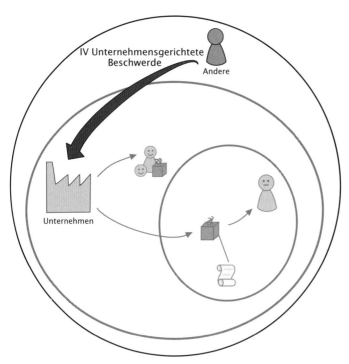

Bild 4.5 Erfassungsebene IV

Beispiel

Vegetarier beschweren sich in den Medien über die Werbung eines Unternehmens für oder mit Fleischprodukten.

Hierbei handelt es sich also um allgemeine Beschwerden, die losgelöst von Kundenbeziehungen – also vonseiten der „Allgemeinheit" – vorgebracht werden.

4.1.2 Kennzahlen bei unterschiedlichen Erfassungsebenen

Die Zielsetzung eines Unternehmens bestimmt, bis zu welcher Erfassungsebene eine Erfassung von Beschwerden zur Ermittlung der jeweiligen Beschwerdequote stattfindet.

Im Folgenden wird gezeigt, wie im Rahmen des Beschwerdemanagements die Merkmale Produkt-/Prozessqualität, Beschwerdekosten und Kundenzufriedenheit bewertet und wie zu diesem Zweck die verschiedenen Beschwerdequoten ermittelt werden. Tabelle 4.1 zeigt beispielhaft am Merkmal Kundenzufriedenheit auf, dass je nach Erfassungsebene unterschiedliche Aussagen aus der ermittelten Kennzahl abgeleitet werden können. Zu beachten ist, dass die niedrigeren Erfassungsebenen stets eine Teilmenge der höheren Erfassungsebenen sind (I ist in II enthalten, I und II in III etc.).

Tabelle 4.1 Je nach Erfassungsebene können unterschiedliche Aussagen abgeleitet werden

Erfassungs- ebene	Erfasste Beschwerden	Beispiele aus dem Bereich Finanzdienst- leistungen	Aussagekraft der Auswertungen*
IV	alle Beschwer- den, die an das Unterneh- men gerichtet werden	Verbraucher- schützer bemängeln die Beratungspraxis und/oder die Produktpalette einer Bank.	• **Image** • Kunden- zufriedenheit • Angebots- zufriedenheit • Produkt- zufriedenheit
III	alle Beschwer- den von Kunden des Unternehmens	Kunde muss trotz Terminab- sprache warten und/oder wird nicht mit dem Namen begrüßt.	• **Kunden- zufriedenheit** • Angebots- zufriedenheit • Produkt- zufriedenheit
II	alle Beschwer- den von Pro- duktnutzern zu einem bestimmten Angebot	Erstellung der Jahresbescheini- gungen wird als verspätet ange- mahnt.	• **Angebots- zufriedenheit** • Produkt- zufriedenheit
I	Reklama- tionen	Überweisung wird nicht dem Konto des angegebenen Empfängers gut- geschrieben.	• **Produkt- zufriedenheit**

* die gegenüber einer niedrigeren Erfassungsebene jeweils hinzukommenden Aspekte sind fett gedruckt

Je nach Erfassungsebene werden unterschiedliche Beschwerden erfasst.

Tabelle 4.2 soll verdeutlichen, in welcher Beziehung die Beschwerde- quote (Produktqualität [BQPq], Beschwerdekosten [BQKo], Kundenzu- friedenheit [BQKd]) der einzelnen Merkmale zur jeweiligen Erfassungs- ebene steht.

Tabelle 4.2 Beziehung der Beschwerdequote mit der jeweiligen Erfassungsebene

Erfassungs-ebene	BQPq als Kennzahl für Produkt-/Prozessqualität	BQKo als Kennzahl für Beschwerdekosten	BQKd als Kennzahl für Kundenzufriedenheit
IV	nicht geeignet	$\dfrac{\text{Kosten zur Imagepflege aus } \textit{allen} \text{ Beschwerden}}{\text{Umsatz}}$	absolute Zahl
III	nicht geeignet	$\dfrac{\text{Kosten } \textit{allen} \text{ Beschwerden von Kunden}}{\text{Umsatz}}$	$\dfrac{\textbf{alle} \text{ Beschwerden von Kunden}}{\text{Anzhal Kunden}}$
II	nicht geeignet	$\dfrac{\text{Kosten } \textit{aller} \text{ Beschwerden von Kunden}}{\text{Umsatz}}$	$\dfrac{\textbf{alle} \text{ Beschwerden von Kunden zum Angebot}}{\text{Anzahl Kunden}}$
I	$\dfrac{\textbf{berechtigt} \text{ reklamierte Einheiten}}{\text{Gelieferte Einheiten}}$	$\dfrac{\text{Kosten } \textbf{aller} \text{ Reklamationen}}{\text{Umsatz}}$	$\dfrac{\textit{alle} \text{ Reklamationen}}{\text{Anzahl Kundenkontakte}}$

■ 4.2 Gezählte Einheit: Wie werden Beschwerden gezählt?

Begriffe wie Beschwerdeeinheit oder reklamierte Einheit wurden bereits verwendet. Solche Einheiten bilden die Basis zur Ermittlung der gezählten Einheit einer Kenngröße. Je nach Fragestellung und Zielsetzung werden verschiedene Einheiten für die Zählung verwendet.

4.2.1 Definition der gezählten Einheit

Wie bereits erläutert, werden Kennzahlen für Kundenzufriedenheit, Produktqualität und Beschwerdekosten als relative Kenngröße errechnet:

$$\frac{\text{gezählte Einheit} \cdot 100}{\text{Bezugseinheit}} = \text{relative Kenngröße } [\%]$$

Grundsätzlich stellt sich die Frage, welche Größen im Zähler und im Nenner einer relativen Kenngröße genutzt werden.

Im Folgenden betrachten wir dieses Thema exemplarisch für das Merkmal Produkt-/Prozessqualität. Hier werden nur die berechtigt reklamierten Einheiten gezählt.

Im Rahmen einer Produktlieferung an den Kunden (Endkunde, Verarbeiter, Händler etc.) können verschiedene Arten von Fehlern auftreten, die gegebenenfalls zu Beschwerden führen.

Zunächst lassen sich die beiden Fehlerkategorien Serviceprobleme und Produktprobleme unterscheiden:

▪ Unter **Service** sind Liefertätigkeiten inklusive Begleitdokumenten (Lieferschein, Rechnung etc.), Lieferorten und -zeiten zu betrachten.

▪ Das **Produkt** umfasst die funktionale, physische Einheit inklusive Verpackung und Produktdokumentation.

Je nach Fehlerkategorie sind unterschiedliche Bezugsgrößen zu nutzen.

4.2.2 Gezählte Einheit bei Dienstleistungen

In der **Fehlerkategorie Service** ist die zu betrachtende und zu bewertende gezählte Einheit die Anzahl der berechtigt reklamierten Lieferungen. Die Bezugsgröße ist die Anzahl aller Lieferungen der Organisation.

$$\frac{\text{Anzahl } \textbf{berechtigt reklamierter } \text{Lieferungen}}{\text{Anzahl } \textbf{aller } \text{Lieferungen}} = \text{relative Lieferqualität} \left[\%\right]$$

Gezählt werden unter die Lieferqualität fallende Leistungsaspekte wie Warenzustand, Begleitdokumente, Lieferort und Lieferzeit. Die Größe „Relative Lieferqualität" ist aber unabhängig von der Art, Menge und Anzahl der gelieferten Produkte.

Beispiel aus dem Taxigewerbe

Im Falle einer wegen *Unpünktlichkeit oder eines falschen Zielorts* zu beanstandenden Fahrt ist die reklamierfähige Einheit die Fahrt, unabhängig davon, wie viele Fahrgäste befördert wurden und wie lang die Fahrtstrecke (in Zeit- oder Entfernungseinheiten) war. Daraus ergeben sich Bezugsgrößen, die eine klare Aussage zur relativen Qualität der Fahrten im Sinne der Fehlerquote möglich machen.

$$\frac{\text{Anzahl } \textbf{beanstandeter Fahrten}}{\text{Anzahl } \textbf{aller } \text{Fahrten}} = \text{relative Qualität der Fahrten} \left[\%\right]$$

Für den Fall, dass Beanstandungen wegen *Unfreundlichkeit, mangelnden Eingehens auf Kundenwünsche etc.* vorliegen, sind sie auf die einzelnen Fahrgäste zu beziehen. Somit wäre in diesem Fall für die reklamierte Einheit die einzelne Fahrgastbeförderung anzusetzen und als Bezugsgröße die Anzahl der beförderten Fahrgäste.

In diesem Fall können aus einer Fahrt Beschwerden von mehreren Fahrgästen resultieren. Hier empfehlen sich Bezugsgrößen, die eine klare Aussage zur relativen Kundenzufriedenheit ermöglichen.

$$\frac{\text{Anzahl aller Beanstandungen}}{\text{Anzahl } \textbf{aller } \text{Fahrgäste}} = \text{relative Kundenzufriedenheit} \left[\%\right]$$

Hier eine konkrete Rechnung: Innerhalb eines Tages werden folgende Fahrten durchgeführt:

- 30 Fahrten mit einem einzelnen Kunden (entspricht 30 Fahrten und 30 Kunden).
- Zehn Fahrten mit jeweils drei Kunden, aber jeweils mit gleichem Ziel (entspricht zehn Fahrten und 30 Kunden).

Zwei Kunden, die nicht gemeinsam gefahren sind, reklamieren ihre Fahrten wegen berechtigter Mängel.

Die Beschwerdequote bezüglich der Produktqualität wird wie folgt berechnet:

$$\frac{2 \text{ reklamierte Fahrten} \cdot 100}{40 \text{ Fahrten}} = 5\ \%$$

Die Beschwerdequote (BQPq) beträgt 5 %.

Die Beschwerdequote bezüglich der Kundenzufriedenheit wird wie folgt berechnet:

$$\frac{2 \text{ sich beschwerende Kunden} \cdot 100}{60 \text{ Kunden}} = 3{,}3\ \%$$

Die Beschwerdequote (BQKd) beträgt 3,3 %.

Beispiel aus einem Logistikzentrum

Ein Logistikzentrum wird z. B. verspätet oder fehlerhaft geladene Lkw-Lieferungen zählen, um Speditionen zu bewerten. Das Produkt ist hier die Lkw-Lieferung.

Beispiel aus dem Bereich Zwischenhandel

Ein Einkäufer bewertet einen Lieferanten auf Basis der Erfüllung seines Auftrags / seiner Bestellung. Die Leistung ist hier die Auftrags-/Bestellungserfüllung.

4.2.3 Gezählte Einheit bei Produkten

In der **Fehlerkategorie Produkt** ist es um ein Vielfaches schwieriger, die zu zählende Einheit und die geeignete Bezugsgröße festzulegen. Eine Hilfestellung kann die Betrachtung der kleinsten reklamierfähigen Einheit geben. Darunter ist die Einheit zu verstehen, die im Rahmen einer Reklamation erstattet werden kann. Diese ist gleich der kleinsten Einheit, die bestellt und erworben werden kann (Verkaufseinheit).

Zur Verdeutlichung sind im Folgenden die verschiedenen reklamierfähigen Einheiten – hier Packungseinheiten eines Produkts – dargestellt. Berücksichtigt man diese Packungseinheiten, so ergibt sich hieraus eine Zuordnung zu den Aussagen der Kenngrößen. Nicht immer stehen alle genannten Packungseinheiten zur Auswahl.

Deutlich wird dennoch, dass in Abhängigkeit vom Ziel der Auswertung die gezählte Einheit von der vom Kunden reklamierten Einheit abweichen kann.

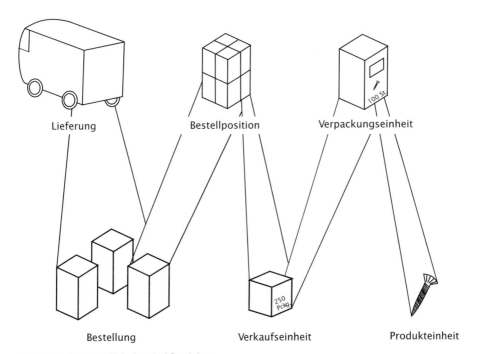

Bild 4.6 Zählbare Einheiten bei Produkten

Bild 4.6 zeigt die möglichen zu zählenden Einheiten:

- Der Kunde erhält eine **Lieferung** (L).

- Die Lieferung enthält x **Bestellungen** (B).

- Jede Bestellung enthält x **Positionen** (Pos).

- Jede Position enthält x **Verkaufseinheiten** (VE).

- Möglicherweise enthält jede der Verkaufseinheiten mehrere produktspezifische **Verpackungseinheiten** (PckgE).

- Die Verpackungseinheiten enthalten jeweils mehrere **Produkteinheiten**, die jeweils selbständige Funktionseinheiten darstellen (ProdE).

Tabelle 4.3 verbindet diese Einheiten mit der jeweiligen Bezugsgröße.

Tabelle 4.3 Mögliche Einheiten und ihre Bezugsgrößen

	Gezählte Einheit	Trifft unter anderem eine Aussage über ...	Bezugsgröße
L	Lieferung	Lieferqualität	Anzahl aller Lieferungen
B	Auftrag/ Bestellung	Auftragsbearbeitungsqualität	Anzahl aller Aufträge bzw. Bestellungen
Pos	Auftrags-/ Bestellposition	Kommissionierqualität	Anzahl aller Auftrags-/ Bestellpositionen
VE	Verkaufseinheit (kaufrechtliche Grundlage)	Verpackungs-/ Lieferqualität (logistisch handhabbare Einheit)	Anzahl aller gelieferten Verkaufseinheiten
PckgE	Verpackungseinheit	Produkt-/Verpackungsqualität	Anzahl aller gelieferten Verpackungseinheiten
ProdE	Produkteinheit	Produktqualität	Anzahl aller gelieferten Produkteinheiten

Um die reklamierfähige Einheit zu identifizieren, lohnt sich ein Blick auf den Lieferschein oder die Rechnung.

Beispiel: Blisterverpackte Farbstifte beim Händler und Endkunden

Ein Händler hat drei Kartons Farbstifte bestellt, wobei der Karton die kleinste bestellbare Einheit darstellt. Jeder Karton enthält 20 verpackte Einheiten des verkaufsfähigen Produkts blisterverpackte Farbstifte im Set, das jeweils aus vier Farbstiften besteht. Der Lieferschein enthält dann etwa folgende Position:

Nr.	Produktbezeichnung	Bestellmenge
1	Farbstifte (4 St. in Blisterpack: schwarz, rot, grün, blau)	3 Kartons à 20 Pckg.

Somit hat der Händler zwar insgesamt 3 · 20 · 4 Farbstifte gekauft, kann aber im Falle einer Reklamation nur einen vollständigen Karton mit 20 Blisterverpackungen zurückgeben (kleinste bestellbare Einheit).

Der Endkunde/Verbraucher, der vom Händler eine Verkaufseinheit (Blisterverpackung) erworben hat, kann im Falle eines fehlerhaften Farbstifts (von vier Stiften) eine Blisterverpackung umtauschen, nicht aber den fehlerhaften Einzelstift.

Für den Händler ist die reklamierfähige Einheit die kleinste bestellbare Menge, hier der Karton mit 20 Blisterverpackungen.

Für den Verbraucher ist die reklamierfähige Einheit die Verkaufseinheit, hier die Blisterverpackung. Beide Situationen entsprechen der Packungseinheit VE, obwohl unterschiedliche Produktmengen zu berücksichtigen sind.

Beispiel: Schrauben beim Verarbeiter oder Endkunden

Ein Verarbeiter bestellt 1000 Schrauben, die jeweils in Kisten mit 100 Schrauben verpackt sind. Die Mindestbestellmenge beträgt 1000 Schrauben. Daher bestellt er einen Karton mit zehn Kisten zu je 100 Schrauben.

Der Verarbeiter hat insgesamt 1000 Schrauben erworben. Falls eine einzelne Schraube fehlerhaft ist, kann er nicht erwarten, dass eine einzelne Schraube ersetzt oder umgetauscht wird. Die logistische Einheit ist ein Karton mit zehn Kisten zu je 100 Schrauben. Andernfalls müsste der Lieferant bei sich einen Karton aufreißen.

Im Endkundengeschäft (z. B. im Baumarkt) erhält der Kunde eine komplette Verkaufseinheit (z. B. Kiste mit 100 Schrauben) umgetauscht.

Im Großhandel wird man flexibler und somit uneinheitlich reagieren, was die Vergleichbarkeit von Reklamationsquoten erschwert.

Diese Betrachtung ist insbesondere wichtig für die Festlegung der Bezugsgröße. Um die geeignete Bezugsgröße heranzuziehen, benutzt man die kleinste Bestellmenge (reklamierfähige Einheit).

4.2.4 Besonderheiten bei der Zählweise von Beschwerden

Manchmal wird man die Zählweise an die besonderen Bedingungen des Unternehmens anpassen müssen, weil die erläuterten Einheiten dort nicht sinnvoll anzuwenden sind.

 Beispiel Energieversorgungsunternehmen

Durch einen Trafoschaden fällt in einem Energieversorgungsunternehmen der Strom aus. Viele betroffene Kunden des Versorgers reklamieren den Ausfall.

Im Sinne der Betrachtung der Beschwerdequote als Kennzahl für die Kundenzufriedenheit $BQKd$ zählt man jeden betroffenen Kunden (Haushalt) als Beschwerdeführer.

Im Sinne der Betrachtung der Beschwerdequote als Kennzahl für die Produktqualität $BQPq$ wird der Trafoausfall als ein Fehler gezählt.

Hier ist das Verhältnis (ein Fehler betrifft viele Kunden) also genau andersherum als im produzierenden Gewerbe (ein Kunde erhält viele Produkte, von denen mehrere fehlerhaft sind).

Beispiel Gebäudereinigungsunternehmen mit nur einem Kunden

Ein Reinigungsunternehmen ist ausschließlich für einen Kunden tätig; es reinigt täglich die Industrieanlagen, die Sanitäranlagen und die Büroräume. Die Reinigung wird monatlich in Rechnung gestellt, separiert nach den zu reinigenden Bereichen.

Der Kunde reklamiert die Reinigung der Büroräume, da diese fünfmal nicht korrekt gereinigt wurden.

Da das Unternehmen nur einen Kunden hat, ist die gezählte Einheit „Rechnungsposition" geeigneter, um die Kundenzufriedenheit zu bestimmen. Diese kann wie folgt berechnet werden:

$$\frac{1 \text{ beanstandete Reinigungsposition} \cdot 100}{3 \text{ Rechnungspositionen}} = 33,3\ \%$$

Die Beschwerdequote (BQKd) beträgt 33,3 %.

Die Beschwerdequote bezüglich der Produktqualität wird wie folgt berechnet:

$$\frac{5 \text{ Reinigungen} \cdot 100}{(3.20) \text{ Reinigungen}} = 8,3\ \%$$

Die Beschwerdequote (BQPq) beträgt 8,3 %.

Praxistipps

- **Produktqualität (BQPq):** Zählen Sie zur Ermittlung der Produkt-/Prozessqualität nur berechtigte Reklamationen (Erfassungsgrad I).

- **Beschwerdekosten (BQKo):** Für die Ermittlung der wirtschaftlichen Auswirkungen von Beschwerden ist es nicht nur unerlässlich, berechtigte *und* unberechtigte Reklamationen zu zählen, sondern auch die Beschwerdekosten, die aus Leistungen entstanden sind, auf die kein rechtlicher Anspruch des Kunden besteht. Dies wird möglich durch die Berücksichtigung von Beschwerden aus einem Erfassungsgrad, der über die reinen Reklamationen hinausgeht; also einem Erfassungsgrad, der mindestens bei Ebene II und optimalerweise bei Ebene IV liegt.

- **Kundenzufriedenheit (BQKd):** Zur Ermittlung der Kundenzufriedenheit ist es erforderlich, in gleicher Weise vorzugehen wie bei der Betrachtung der wirtschaftlichen Auswirkung. Der Unterschied liegt in der Kenngröße: Statt finanzieller Größen wird die Anzahl aller Kundenkontakte gezählt.

- Legen Sie fest, ob in Ihrem Unternehmen eine gezählte Einheit ein einzelnes, als fehlerhaft reklamiertes Produkt z. B. in einer Verkaufseinheit sein soll. In diesem Fall könnten mehrere fehlerhafte Einheiten in einer Einheit enthalten sein. Oder ob die gezählte Einheit grundsätzlich immer eine ganze Verpackungseinheit sein soll. Damit hätten Sie jedoch nicht mehr die Möglichkeit, mehrere fehlerhafte Produkte in einer Verpackungseinheit zu erkennen.

  Dieses Verfahren kann entsprechend auch auf Dienstleistungen bzw. Dienstleistungsprodukte übertragen werden, da auch hier entweder reklamierte Einzelfehler eines Servicepakets separat gezählt werden können oder ein Servicepaket unabhängig von den enthaltenen Fehlern immer als eine Einheit angesehen werden kann.

- Sollen zwei Unternehmen miteinander verglichen werden, muss grundsätzlich dieselbe Einheit beim Zählen verwendet werden.

- Die Wahl der richtigen Einheit ist auch abhängig von der Zielsetzung. Wollen Sie die Kundenzufriedenheit ermitteln, ist eine zu starke Aggregation mehrerer Fehler in einer Einheit nicht zielführend.

Jedes der Merkmale Produkt-/Prozessqualität, Beschwerdekosten und Kundenzufriedenheit bewertet Beschwerden aus einer eigenen Perspektive. Je nach ausgewählter Erfassungsebene hat diese Auswahl Einfluss auf die Aussagekraft der Kennzahl, da durch unterschiedliche Erfassungsebenen im Regelfall auch unterschiedliche Fragen beantwortet werden.

■ 5.1 Kennzahl für die Produkt-/ Prozessqualität

Bei der Betrachtung der Produkt- und Prozessqualität werden Ereignisse in der Vergangenheit fokussiert, etwa Mängel bei der Entwicklung eines Produkts oder Qualitätseinbrüche in der Produktion.

5.1.1 Erfassungsebenen

5.1.1.1 Ebene I – Reklamationen

Zur Verbesserung der Produkt- und Prozessqualität wird zunächst nur der Anteil der Reklamationen am gesamten Beschwerdeaufkommen betrachtet, und hier wiederum nur der Anteil, der als berechtigte Reklamationen gewertet werden kann. Die Bestimmung der Fehlerquote auf anderen Erfassungsebenen ist nicht zulässig, da nur auf dieser Ebene eine direkte Verbindung zwischen dem fehlerhaften Produkt und dem reklamierenden Kunden mit entsprechenden kaufrechtlichen Ansprüchen besteht.

5.1.1.2 Ebenen II, III und IV

Bei angebotsbezogenen Beschwerden, Kundenbeschwerden und unternehmensgerichteten Beschwerden findet aufgrund der Erläuterung unter 5.1.1.1 keine Erfassung statt.

5.1.2 Nutzung und Aussagekraft dieser Kennzahl

Die Fehlerquote kann auf unterschiedliche Weise zum Ausdruck gebracht werden. Die Fehlerquote mit der Einheit Prozent weist einen Fehleranteil aus und verdeutlicht die Qualitätslage. Die Fehlerrate, z. B. die Fehleranzahl pro Tag/Schicht, zeigt die zeitliche Häufigkeit auf und dient eher der Ressourcenplanung.

Eine Möglichkeit zur Nutzung der Fehlerquote in der Industrie ist der Sigma-Wert, der im Rahmen der Six-Sigma-Methodik ermittelt wird. Der Wert $6\,\sigma$ entspricht z. B. einer Fehlerdichte von 3,4 Fehlern bei einer Million Fehlermöglichkeiten (dppm – defect parts per million). Das entspricht einer Fehlerquote von 0,00034 %.

Im Regelfall muss für die Kennzahl eine Bandbreite, also eine Obergrenze sowie eine Untergrenze, festgelegt werden, um mit dieser Kennzahl die Produktqualität nachhaltig zu steuern.

Die Fehlerquote bewertet die Anzahl der bei Kunden aufgetretenen Fehler und gibt somit einen Hinweis auf die Wirksamkeit der Endprüfung des Unternehmens. Mit dieser Kennzahl lassen sich Produktionskosten wie auch Nachbearbeitungs- und somit Beschwerde- und Reklamationskosten auf ein Optimum eingrenzen.

Die Untergrenze verhindert, dass die Produktion zu kostspielig und somit der gewünschte wirtschaftliche Nutzen für das Unternehmen nicht erreicht wird. Kundenbegeisterung ist zwar grundsätzlich erstrebenswert, aber der dafür betriebene Aufwand muss wirtschaftlich sinnvoll bleiben.

Die Obergrenze vermeidet, dass durch Fehler verursachte Nachbearbeitungskosten das gewünschte wirtschaftliche Ergebnis beeinträchtigen oder sogar komplett aufzehren.

Eine korrekt ermittelte und laufend überwachte Kennzahl zur Fehlerquote kann somit unmittelbar der Steuerung der Wirtschaftlichkeit des Unternehmens dienen.

5.1.3 Unsicherheiten und Besonderheiten im Zusammenhang mit dieser Kennzahl

Häufig werden in der Praxis bei der Ermittlung der Fehlerquote sämtliche Reklamationen, also auch die unberechtigten, zugrunde gelegt. Gerade bei dieser Kennzahl ist es aber notwendig, Reklamationen nach berechtigt, unberechtigt und unklar zu unterscheiden, wenn die Kennzahl belastbar und somit als Grundlage für Entscheidungen geeignet sein soll. Denn die Berücksichtigung sämtlicher Reklamationen wird zu einer Verfälschung der Kennzahl führen. Je nach Anzahl der in der Ermittlung berücksichtigten unberechtigten Reklamationen kann die Verfälschung zu einer unbrauchbaren und bedeutungslosen Kennzahl führen.

Ein weiterer wesentlicher Unsicherheitsfaktor bei der Bestimmung der Fehlerquote ist die Festlegung der Bezugsgröße, die die ausgewiesene Fehlerquote um ein Vielfaches verzerren kann.

Obwohl unberechtigte Reklamationen im Rahmen des Merkmals RQPq nicht gezählt werden, kann es sinnvoll sein, auch unberechtigte Beschwerden daraufhin zu untersuchen, ob sie Hinweise auf Produktverbesserungen geben können. Das gilt insbesondere, wenn Sie ohnehin eine Bereinigung oder Änderung Ihrer Produktpalette planen.

Häufig sind die Fehlerursachen derart differenziert, dass sich eine sinnvolle Analyse kaum durchführen lässt oder es zu nicht aussagekräftigen Resultaten kommt. In derartigen Fällen empfiehlt es sich, Beschwerden in Gruppen mit zueinanderpassenden, vergleichbaren Ursachen zu gruppieren. So können auch geringe Fallzahlen sinnvoll kumuliert werden und zu aussagekräftigen Ergebnissen führen.

■ 5.2 Kennzahl für die Beschwerdekosten

Bei der Betrachtung der Kosten wird die aktuelle wirtschaftliche Situation bewertet. Fehler, die in der Vergangenheit stattgefunden haben, verursachen zum Zeitpunkt der Bewertung Kosten, haben Einfluss auf das Geschäftsergebnis der Gegenwart und werden in Bezug auf den aktuellen Umsatz bewertet.

5.2.1 Erfassungsebenen

5.2.1.1 Ebene I – Reklamationen

Auf der ersten Ebene werden die Kosten aller Reklamationen (berechtigter, unberechtigter, unklarer) zur Bewertung herangezogen. Zur Bestimmung der Quote RQKo werden diese Kosten ins Verhältnis zum Umsatz gebracht. Beschwerden von Kunden ohne kaufrechtlichen Anspruch bleiben hier noch unberücksichtigt.

5.2.1.2 Ebenen II und III – angebotsbezogene Beschwerden und Kundenbeschwerden

Die Ebenen II und III zeigen das Verhältnis der Kosten durch berechtigte und unberechtigte Beschwerden von Kunden des Unternehmens zum Umsatz auf, unabhängig davon, ob die Kunden aktuell etwas gekauft haben. Ebene II bezieht sich dabei auf Kosten, die zu einem bestimmten Produkt entstanden sind. Auf Ebene III sind die Kosten produktunabhängig.

5.2.1.3 Ebene IV – unternehmensgerichtete Beschwerden

Beschwerden auf dieser Ebene richten sich ganz allgemein gegen das Unternehmen und dessen Image. Die Kosten, die auf dieser Ebene ermittelt werden, sind mit einer sehr großen Unschärfe verbunden. Aufwendungen zur Imagepflege aufgrund gegen das Unternehmen gerichteter Beschwerden sind schwer von allgemeinen Marketingausgaben abzugrenzen. Auch als Bezugsgröße lässt sich nur ein potenzieller Umsatz bzw. das vermutete Marktvolumen nutzen. Auf dieser Ebene werden berechtigte und unberechtigte Beschwerden berücksichtigt.

5.2.2 Nutzung und Aussagekraft dieser Kennzahl

Eine umfassende Betrachtung von Beschwerdekosten kann verwendet werden, um Optimierungsmaßnahmen zu priorisieren. Auch wenn diese Analyseart stark auf industrielle Produktion bezogen zu sein scheint, sollte sie von Dienstleistern nicht vernachlässigt werden. Die Kostenanalyse wird von Dienstleistungsunternehmen kaum genutzt. Eine Erhebung bei Webinar-Teilnehmern zum Thema Beschwerdekennzahlen hat ergeben, dass mehr als drei Viertel aller Dienstleister hierzu keinerlei Kennzahlen erheben. Diese Befragung ist zwar nicht repräsentativ, zeigt aber einen deutlichen Trend.

Zur Priorisierung von Optimierungsmaßnahmen benötigt man eine klare Festlegung, welche Aufwendungen und Kosten in die Kalkulation einfließen. Zunächst sollten Sie sich die Frage stellen, ob alle Kosten, die mit einer Beschwerde verbunden sind, berücksichtigt werden sollen, unabhängig davon, wo und bei wem diese Kosten entstanden sind. Diese Forderung erscheint in der Praxis zunächst nicht anwendbar, da es unwahrscheinlich ist, dass Kosten unabhängig davon, bei wem sie angefallen sind, mit geeigneter Genauigkeit und angemessenem Aufwand ermittelt werden können. Daher kann eine derartige Kennzahl auch nur aus Sicht eines definierten Kostenträgers erhoben werden. Eine allgemeine Ermittlung dagegen dürfte jeden vertretbaren finanziellen Rahmen sprengen.

Praktikabel erscheint allerdings die Betrachtung der Kosten mit konkretem Bezug auf Firmen oder Firmenbereiche. Es ist dabei aber je nach gewünschter Aussagekraft festzulegen, ob Ersatzleistungen durch Lieferanten oder Gutschriften im Versicherungsfall von den angefallenen Beschwerdekosten abgezogen werden können oder sogar abgezogen werden müssen. Festgelegt werden muss auch, ob oder wie Pauschalkosten oder interne Bearbeitungskosten bei der Beschwerdekostenanalyse berücksichtigt werden.

- Es ist festzulegen, ob Ersatzleistungen durch Lieferanten oder Gutschriften im Versicherungsfall von den angefallenen Beschwerdekosten abgezogen werden dürfen. Eine Berücksichtigung dieser Kompensationszahlungen, also ein Abzug erhaltener Kompensationsleistungen von den tatsächlichen Aufwendungen, sollte nur mit nachvollziehbarer Begründung zur Anwendung kommen. Wenn die Kompensationszahlungen in die Kennzahl eingerechnet werden, wird diese dadurch verfälscht, sodass sie nicht mehr zur Priorisierung von Maßnahmen geeignet ist.

- Festgelegt werden muss, ob bzw. wie Pauschalkosten oder interne Bearbeitungskosten bei den Beschwerdekosten mit berücksichtigt werden. In der Praxis sind direkte Ersatz- bzw. Reparaturkosten mit standardisierten Prozessen leicht zu erfassen. Schwieriger ist die Erfassung etwa von zusätzlich entstandenen Reisekosten oder den Kosten für kulante Vertriebsregelungen zur Kompensation einer kundenseitigen Beschwerde.

- Festzulegen ist, inwiefern Kosten für Korrekturmaßnahmen oder vorbeugende Maßnahmen, wie Neuentwicklungen, Produktänderungen oder Prozessänderungen, bei den Beschwerdekosten berücksichtigt werden.

- Festzulegen ist, zu welchem Zeitpunkt angefallene Beschwerdekosten im Rahmen der Kennzahlerhebung berücksichtigt werden. Zum Beispiel werden Beschwerdekosten in einigen Firmen, oft bedingt durch Vorgaben des verwendeten Beschwerdeverwaltungsprogramms, für den Monat gezählt, in dem die Beschwerde aufgenommen wurde, in anderen dagegen für den Monat, in dem die Bearbeitung der Beschwerde abgeschlossen wurde. Das Datum dieser Auswertung kann von dem Datum, zu dem die Beschwerdekosten effektiv angefallen sind, deutlich abweichen. Richtig wäre, die Kosten in dem Monat zu berücksichtigen, in dem sie angefallen sind, bezogen auf den Umsatz desselben Monats. In Abhängigkeit von der Umsatzentwicklung kann die monatliche Beschwerdequote deutlichen Schwankungen unterliegen.

- Festzulegen ist, ob ein infolge einer Beschwerde nicht zustande gekommenes Geschäft bzw. ein Umsatzverlust bei den Beschwerdekosten berücksichtigt werden sollte.

5.2.3 Unsicherheiten und Besonderheiten im Zusammenhang mit dieser Kennzahl

Es empfiehlt sich, bei der Ermittlung der Kostenseite alle Beschwerden pauschal zu berücksichtigen, auch wenn diese nicht gerechtfertigt sind. Schließlich werden auch ungerechtfertigte Beschwerden bearbeitet und verursachen damit Kosten, die in eine umfassende Kostenanalyse einfließen sollten. Durch die Betrachtung der Kosten, die durch ungerechtfertigte Beschwerden entstehen, können außerdem wertvolle Informationen zur Priorisierung der Verbesserungsmöglichkeiten gewonnen werden.

Es kann sein, dass nur absolute Kennzahlen genutzt werden können, weil sinnvolle Bezugsgrößen nicht zur Verfügung stehen oder zu aufwendig zu ermitteln sind. Wenn sich z. B. die Bezugsgröße in kurzen Zeitabständen stark verändert, muss die Basis dieser Kennzahl regelmäßig überprüft und mit den Nutzern der Kennzahl abgestimmt werden. So können Widerstände bei der Akzeptanz und Nutzung vermieden werden.

Um eine hohe Kundenzufriedenheit zu erreichen, kann eine kulante Abwicklung von Ersatzleistungen erfolgen, mit der Folge erhöhter Beschwerdekosten. Hohe Beschwerdekosten können auch in einer schlechten Produktqualität begründet sein, die schlechte Ergebnisse bezüglich der Kundenzufriedenheit zur Folge hat.

■ 5.3 Kennzahl für die Kundenzufriedenheit

Zwar können auch aus den vorherigen Kennzahlen Verbesserungsmaßnahmen abgeleitet werden, doch die Kennzahl BQKd für Kundenzufriedenheit fokussiert am umfassendsten die Anforderungen für den Erfolg eines Unternehmens in der Zukunft.

5.3.1 Erfassungsebenen

5.3.1.1 Ebene I – Reklamationen

Auf Ebene I werden alle berechtigten und unberechtigten Reklamationen von kaufenden Kunden berücksichtigt und ins Verhältnis zu der damit verbundenen Anzahl der Kundenkontakte gesetzt.

5.3.1.2 Ebene II – angebotsbezogene Beschwerden

Alle berechtigten und unberechtigten Beschwerden von Kunden über das Angebot des Unternehmens werden ins Verhältnis zur Anzahl der Kunden gesetzt.

5.3.1.3 Ebene III – Kundenbeschwerden

Auf dieser Ebene werden alle berechtigten und unberechtigten Beschwerden jedweder Art von Kunden des Unternehmens ins Verhältnis zur Anzahl der Kunden gesetzt.

5.3.1.4 Ebene IV – unternehmensgerichtete Beschwerden

Auf dieser Ebene ist die Bildung einer Verhältniszahl nicht möglich. Es werden alle berechtigten und unberechtigten Beschwerden von Kunden und Nichtkunden gezählt, die an das Unternehmen gerichtet sind. Bezugsgröße wäre die Größe der Zielgruppe des Unternehmens oder die Anzahl seiner potenziellen Kunden. Diese Zahl ist schwer zu ermitteln, aber auch relativ groß und stabil. Sie kann daher als nahezu konstant betrachtet werden, und die Verwendung einer absoluten Kennzahl ist damit gerechtfertigt.

5.3.2 Nutzung und Aussagekraft dieser Kennzahl

Letztendlich ist diese Kennzahl das Ergebnis des Vergleichs der Kundenerwartungen (Soll-Leistung) mit einer durch das Unternehmen bzw. seine Produkte erzeugten Bedürfnisbefriedigung (Ist-Leistung) beim Kunden. Somit ist diese Kennzahl auch ein wichtiger Indikator für die Kundenbindung. Sie kann zum Validieren einer Kennzahl zur Kundenbindung herangezogen werden und dient somit der Standortbestimmung des Unternehmens aus Kundensicht.

Zur Steuerung mittels dieser Kennzahl sollte eine Untergrenze festgelegt werden, die nicht unterschritten werden darf. Auch empfiehlt es sich, den Trendverlauf dieser Kennzahl auf Monatsebene zu beobachten, um rechtzeitig Gegenmaßnahmen einzuleiten, wenn sich die Entwicklung zu sehr der festgelegten Untergrenze nähert.

Entspricht die Ist-Leistung der Soll-Leistung, werden Kunden in der Regel zufrieden sein. Für Begeisterung und nachhaltige Bindung der Kunden reicht das aber nicht aus. Erst wenn die Ist-Leistung größer ist als die Soll-Leistung, kann man davon ausgehen, dass die Kunden nicht nur zufrieden, sondern begeistert sind. Die Bindung der Kunden an das Unternehmen wird dann groß sein, und sie werden das Unternehmen oder Produkt aktiv weiterempfehlen.

Wird die Soll-Leistung durch die Ist-Leistung nicht erreicht, werden die Kunden unzufrieden oder sogar verärgert sein.

Über die reine Kennzahl hinaus ist auch die qualitative Auswertung der Kundenbeschwerden hilfreich für eine kontinuierliche Verbesserung, da gerade hier die subjektive Wahrnehmung der Kunden im Fokus steht.

5.3.3 Unsicherheiten und Besonderheiten im Zusammenhang mit dieser Kennzahl

Da Beschwerden als Unmutsäußerungen des Kunden verstanden werden, wird gerade die Beschwerdequote, als eine einfach zu ermittelnde Maßzahl, häufig als Kennzahl für die Kundenzufriedenheit genutzt.

Zur Bewertung der Kundenzufriedenheit sollten nicht nur kaufende Kunden, sondern auch ehemalige und potenzielle Kunden berücksichtigt werden. Daher bietet sich die Berücksichtigung einer höheren Erfassungsebene an. Mit zunehmender Höhe der Erfassungsebene ergeben sich Schwierigkeiten in der Abgrenzung und Festlegung der zu zählenden Einheit. Dies wird etwa deutlich, wenn man Mehrfachbeschwerden betrachtet. Umso wichtiger wird die Notwendigkeit, eine bewusste und gut handhabbare Festlegung der Zählweise vorzunehmen. Strebt man darüber hinaus eine Vergleichbarkeit mit anderen Unternehmen an, ist die sinnvolle Festlegung der Zählweise unerlässlich.

Die Kundenzufriedenheit, als Synonym für Qualität, hat auch eine politische Dimension. Aufgrund der notwendigen Kommunikation des Qualitätsniveaus sind Organisationen geneigt, die Basis für die Zählweise zu ihren Gunsten festzulegen und sich so einer Vergleichbarkeit elegant zu entziehen.

Mit dem Verzicht auf eine Vergleichbarkeit reduziert sich die Bedeutung dieser Kennzahl jedoch auf die Funktion eines abstrakten „Gradzählers" für die Veränderung der Kundenzufriedenheit.

5.3.4 Dauer der Beschwerdebeantwortung und deren Einfluss auf die Kundenzufriedenheit

Neben den vorgenannten Kennzahlen werden in der Praxis häufig Kennzahlen ermittelt, die für die behandelten Merkmale Kundenzufriedenheit, Produktqualität und Kosten keine bzw. wenig Aussagekraft haben und daher nur bedingt zu verwenden sind. Dies wird bei den nachfolgenden Beispielen zur Dauer der Bearbeitung von Beschwerden und deren Einfluss auf die Kundenzufriedenheit deutlich.

Beispiel aus einem Online-Versandhaus

Ein Online-Versandhaus vertreibt ein elektronisches Gerät, das unschlagbar günstig ist. Bei vielen Kunden versagt das Gerät jedoch noch innerhalb der Gewährleistungsfrist seinen Dienst. Das Versandhaus reagiert auf entsprechende Beschwerden immer sehr prompt, da die geringe Produktqualität und daraus resultierende Beschwerden bereits bekannt sind. Kunden, die ein kaputtes Gerät einsenden, erhalten daher oft schon am nächsten Tag ein neues Gerät per Post. Die Bearbeitungsdauer könnte nicht kürzer sein. Dennoch sind viele Kunden unzufrieden, da sie auch bei einem günstigen Gerät eine größere Haltbarkeit und höhere Produktqualität erwartet hatten, insbesondere, wenn auch das Austauschgerät wieder Fehlfunktionen aufweist.

Beispiel aus dem Bereich Finanzdienstleistungen

Ein Beschwerdefall kann nicht im zugesagten Zeitrahmen abschließend bearbeitet werden, da die Recherche zum Vorgang komplexer ist und länger dauert als zunächst angenommen und kommuniziert. Der Kunde erhält daher einen Zwischenstand und einen neuen Erledigungstermin. Doch auch dieser Termin lässt sich nicht halten. Im dazu mit dem

Kunden geführten Gespräch äußert dieser: „Es kommt mir nicht darauf an, wie schnell Sie die Antwort haben, sondern dass ich eine Antwort bekomme, auf die ich mich zu 100 % verlassen kann. Daher nehmen Sie sich bitte die Zeit, die Sie dafür benötigen." Eine zugesagte Bearbeitungsdauer wird mehrfach gebrochen und müsste auf eine hohe Unzufriedenheit schließen lassen. Dennoch ist der Kunde nicht unzufrieden, da er ja eine genaue und keine schnelle (falsche) Antwort erwartet.

Beim Bilden von Kennzahlen ist grundsätzlich darauf zu achten, dass die Kennzahl für alle Nutzer nachvollziehbar erstellt und von allen Nutzern akzeptiert wird und dass sie auf belastbaren Tatsachen beruht statt auf vermuteten Korrelationen.

 Praxistipps

- Berücksichtigen Sie bei der Ermittlung der unterschiedlichen Kennzahlen stets, welche Beschwerdekategorien in die Ermittlung einbezogen werden. Bei der Ermittlung einer belastbaren Kennzahl für die Produktqualität dürfen Sie z. B. nur berechtigte Reklamationen berücksichtigen.

- Bei der Ermittlung der Kennzahlen für Beschwerdekosten oder Kundenzufriedenheit müssen alle Beschwerden berücksichtigt werden, da unabhängig von der Berechtigung einer Beschwerde durch die Beschwerdebearbeitung stets Kosten anfallen und ein Beschwerdekunde mit der Beschwerde seine Unzufriedenheit ausdrückt, auch wenn diese aus Unternehmenssicht objektiv keine Grundlage hat.

- Egal ob sie die Kennzahl nur intern oder zum Vergleich mit anderen Unternehmen nutzen: Stellen Sie stets sicher, dass die Randbedingungen der Zählweise konstant und vergleichbar sind und dies auch im Zeitverlauf bleiben.

- Für die Kostenerfassung müssen alle Kosten berücksichtigt werden, die in der Beschwerdebearbeitung anfallen. Dazu gehören auch interne Bearbeitungsaufwände, die mindestens über realistische Pauschalen verrechnet werden müssen.

6 Kennzahlen vergleichen

Das folgende Kapitel befasst sich mit der Vergleichbarkeit der Kennzahlen innerhalb und außerhalb des Unternehmens. Ein Vergleich ist nur unter vergleichbaren Bedingungen möglich. Dazu gehören vor allem das Geschäftsmodell und die Unterscheidung unterschiedlicher Unternehmensleistungen, wie z. B. Leistungen aus der Produktion oder dem Dienstleistungsbereich eines Unternehmens, sofern das Geschäftsmodell eine entsprechende Unterteilung vorsieht. Doch selbst wenn diese Voraussetzungen stimmen, können verschiedene Einflussfaktoren zu Unschärfen in der Erhebung der benötigten Zahlen führen. Diese Faktoren sind bei der Vergleichbarkeit ebenfalls zu berücksichtigen.

Im Folgenden werden Möglichkeiten aufgezeigt, um Kennzahlen trotz unterschiedlicher Geschäftsmodelle und Unternehmensleistungen vergleichbar zu gestalten.

■ 6.1 Industrie oder Dienstleistung

6.1.1 Unterschiede zwischen den Bereichen

Die Leistungsergebnisse eines Unternehmens gegenüber seinen Kunden haben unabhängig von Angebot und Branche stets einen materiellen (physische Produkte) und einen immateriellen Leistungsanteil (Dienstleistungen oder imaginäre Produkte).

Beispiele

- Ein Transportunternehmen (Taxi, Spedition, Bahn etc.) erbringt eine Dienstleistung (Fahrt) im Zusammenhang mit einem physischen Produkt (z. B. Sitzplatz und Fahrzeug), das zur Transportleistung dazugehört.
- Ein Gastronomieunternehmen bietet physische Produkte (Speisen und Getränke), aber auch Dienstleistungen (Servieren der Speisen) an.

In Abhängigkeit vom Kerngeschäft sind die jeweiligen Anteile in unterschiedlichen Unternehmen unterschiedlich groß (Bild 6.1).

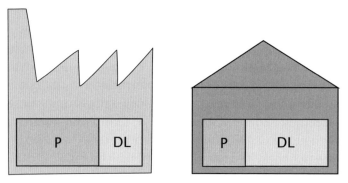

Bild 6.1 Unterschiedliche Ausprägung der Leistungsanteile von Produktion und Dienstleistung

Unternehmen mit einem großen Dienstleistungsanteil haben es vor allem mit Beschwerden der Ebenen II bis IV zu tun. Auch dort ist nicht auszuschließen, dass es zu Reklamationen auf Ebene I kommen kann. Dasselbe gilt umgekehrt für Unternehmen mit einem großen Produktionsanteil. Dort beziehen sich die meisten eingehenden Beschwerden auf zugesagte Produktmerkmale und sind also Reklamationen auf Erfassungsebene I. Dennoch werden auch solche Unternehmen mit angebotsorientierten Beschwerden auf Ebene II und mit Beschwerden auf den Ebenen III und IV konfrontiert.

In einem Krankenhaus oder Seniorenheim können z. B. medizinische und/oder pflegerische Leistungen sowie sogenannte Hotelleistungen – dazu gehören etwa Unterkunft und Verpflegung – reklamiert werden, sofern es sich dabei um vertraglich festgelegte Vereinbarungen handelt, die nicht vertragsgerecht erbracht wurden.

Gleiches gilt für Unternehmen, die ihr Kerngeschäft in der Produktion sehen. Auch hier kann neben einem Fehler des Produkts z. B. auch die Auslieferung als angebotene Dienstleistung zu einer Reklamation gemäß Erfassungsebene I führen. Voraussetzung hierfür ist aber, dass die Lieferung ein vertraglich vereinbarter Teil der Leistungserbringung ist.

Im Allgemeinen gilt dennoch: Je größer der Dienstleistungsanteil ist, desto umfassender werden Beschwerden analysiert – in der Regel auf den Erfassungsebenen II bis IV. Bei einem größeren Produktionsanteil werden vor allem Beschwerden im Sinne der Erfassungsebene I, also klassische Reklamationen, betrachtet.

6.1.2 Produkt- und Dienstleistungsanteile trennen

Die Betrachtungsweise, dass Unternehmensleistungen stets einen materiellen (Produkt) und einen immateriellen Leistungsanteil (Dienstleistung) beinhalten, bietet die Chance, Teilfunktionen eines Unternehmens getrennt voneinander in den Blick zu nehmen. In der Folge können diese Teilfunktionen mit den entsprechenden Teilfunktionen anderer Unternehmen verglichen werden.

 Beispiele

- Die Beschwerdesituation eines Produktionsunternehmens bezüglich der Auslieferungsleistung lässt sich vergleichen mit der eines reinen Speditionsunternehmens.
- Die Beschwerdesituation eines Krankenhauses bezüglich Unterkunft und Verpflegung lässt sich mit der eines Restaurants oder Hotels vergleichen.

Durch diesen Ansatz ist es denkbar – allerdings in der Praxis bislang wenig relevant und praktiziert –, dass auch branchenübergreifende Vergleiche möglich werden. Jeder Vergleich setzt jedoch voraus, dass sich nicht nur die Geschäftsmodelle der zu vergleichenden Unternehmen ähneln, sondern auch die Zählweisen von Beschwerden in den jeweiligen Unternehmen identisch sind.

Aus diesen Gründen muss bei der Anwendung der Metrik entschieden werden, welche Vergleichsmöglichkeiten angestrebt werden. Wenn Vergleiche angestrebt werden, müssen für die in der Metrik genannten Merkmale die gleichen Messsysteme für die zu vergleichenden Dienstleister und produzierenden Unternehmen verwendet werden.

Beispiel

Obwohl das Geschäftsmodell „Handel" Dienstleistungscharakter hat, kann beim Handel mit Industrieprodukten die Sichtweise der Branche „Industrie" für eine branchenübergreifende Vergleichbarkeit im Sinne einer Beschwerdemetrik besser passen. Ebenso kann es vorkommen, dass die Mitarbeiter einer Dienstleistungsabteilung innerhalb eines Industrieunternehmens, z. B. des Kundendiensts, sich besser mit der Sichtweise der Dienstleistungsbranche identifizieren können.

Für die Vergleichbarkeit ist in jedem Fall die Zählweise eindeutig zu bestimmen. Gerade wenn es aufgrund von unterschiedlichen Leistungsanteilen sowohl Reklamationen auf Ebene I als auch Beschwerden auf den Ebenen II bis IV zu erfassen gilt, sind die folgenden Fragen zu beantworten:

- Verwenden die Organisationen, deren Beschwerdekennzahlen verglichen werden sollen, für ihre jeweiligen Produkt- und Dienstleistungsanteile die gleichen Erfassungsebenen?

- Wie geht man mit Sammel- und Mehrfachbeschwerden für die jeweiligen Produkt- und Dienstleistungsanteile um?

Da im Dienstleistungssektor der Anteil der Beschwerden der Ebenen II bis IV überwiegt – das heißt der Anteil negativer Äußerungen zu Leistungen, die nicht explizit vertraglich geregelt sind –, ist zudem zu überlegen, wie diese Rückmeldungen als relative Kennzahl zu quantifizieren sind.

In Kapitel 4.2.1 (Definition der gezählten Einheit) wurde bereits die jeweils zu wählende Bezugsgröße erläutert. An dieser Stelle soll noch einmal verdeutlicht werden, dass gerade bei der Gegenüberstellung des

Dienstleistungssektors und der Industrie die Festlegung der gezählten Einheit klar vorgegeben und die Erfassung gemäß den Vorgaben ausgeführt werden muss.

Bei der Auswahl der Bezugsgröße zur Erfassung der Beschwerdequote von Dienstleistungen ist, neben der Definition der Zielerreichung, auch zu beachten, dass die Erhebung der Bezugsgröße realisierbar ist. So ist es möglich, dass in einem Krankenhaus keine geeigneten Zahlen zur Verfügung stehen, die als Bezugsgröße dienen können, wenn der Dienstleistungsanteil Ursache für eine Beschwerde (z. B. über unfreundliches Verhalten) ist. In diesem Beispiel – Mangel an Freundlichkeit, unangemessenes Verhalten – wäre die Anzahl der erfolgten Patientenkontakte innerhalb eines definierten Zeitraums eine sinnvolle Bezugsgröße. Diese Zahl steht jedoch in der Regel nicht zur Verfügung. Hier wäre es denkbar, eine Stichprobe (z. B. in Form einer Beobachtung) zu nehmen, sofern die anschließend vorliegende Kennzahl als nutzbar angesehen wird. Sollte auf die Verwendung einer derart ermittelten Bezugsgröße zurückgegriffen werden, sind auf jeden Fall die Vorschläge aus Kapitel 2.4 zum Kennzahlenmarketing zu beachten.

Aus den Erläuterungen geht hervor, dass Beschwerdekennzahlen von Unternehmen aus Industrie und Dienstleistungssektor grundsätzlich vergleichbar sind, wenn die jeweiligen Leistungen (Produkt und Service) getrennt betrachtet werden. Hierbei ist jedoch das Verhältnis des Nutzens und der Aussagekraft zum notwendigen Aufwand zu berücksichtigen.

■ 6.2 Geschäftsmodell berücksichtigen

In Kapitel 5 wurden Merkmale hinsichtlich Produkt-/Prozessqualität, Beschwerdekosten und Kundenzufriedenheit mit jeweils einer eigenen Beschwerdequote definiert. Abhängig von der Fragestellung können diese nun für einen Leistungsvergleich herangezogen werden. Der reine Vergleich der jeweiligen Merkmale wird unter Umständen jedoch stark abweichende Ergebnisse bringen, da die Eignung der Metrik darüber hinaus noch maßgeblich vom jeweiligen Geschäftsmodell des betrachteten Unternehmens abhängt.

Bei der Anwendung der Metrik ist es daher notwendig, das zugrunde liegende Geschäftsmodell zu berücksichtigen.

6.2.1 Unterschiede in den Geschäftsmodellen

In diesem Abschnitt werden unterschiedliche Geschäftsmodelle vorgestellt und deren Eigenheiten im Hinblick auf eine Beeinflussung der Zählweise diskutiert. Die Auswirkung des Geschäftsmodells auf die Kennzahl wird für die drei Merkmale Produkt-/Prozessqualität, Beschwerdekosten und Kundenzufriedenheit ausführlich erläutert.

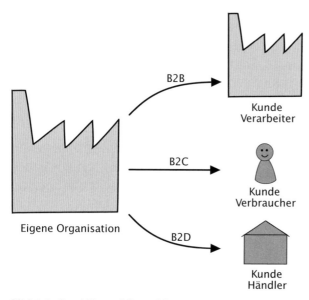

Bild 6.2 Geschäftsmodelle und Kunden

Bild 6.2 zeigt die drei wesentlichen Geschäftsmodelle:

- B2B: Business-to-Business, Geschäfte mit anderen Unternehmen.

- B2C: Business-to-Customer, Geschäfte mit Endkunden.

- B2D: Business-to-Dealer, Geschäfte mit (Zwischen-)Händlern.

Als Kunde werden hier alle Vertragspartner eines Unternehmens bezeichnet. Dazu gehören also sowohl andere Unternehmen als auch Endkunden und Händler, die von der Organisation eine Leistung erhalten –

unabhängig davon, ob eine Reklamation aus einem vertraglichen Anspruch heraus besteht (Erfassungsebene I) oder der Beschwerdex kein vertragsrechtlicher Anspruch zugrunde liegt (Erfassungsebenen II bis IV). Somit gilt ein Geschäftsmodell grundsätzlich für alle Erfassungsebenen.

In Branchen, die überwiegend dienstleistungsorientiert sind, trifft man häufig auch eine dritte Partei an, die als Beschwerdeführer auftritt. Dieser Dritte kann als (autorisierter) Vertreter des Vertragspartners auftreten und z. B. der gesetzliche Vertreter von zu betreuenden Personen sein. Dritte können auch als Leistungsempfänger auftreten, für die das Unternehmen, über das sie sich beschweren, eine Leistung erbracht hat: z. B. Mitarbeiter in einem Unternehmen (vertraglicher Leistungsempfänger), die die Reinigungsleistung direkt gegenüber der Reinigungsfirma (Leistungserbringer) bemängeln.

Bild 6.3 zeigt die drei Geschäftsmodelle, erweitert um die dritte Partei. Durch die Einbeziehung einer dritten Partei können Informationsverzerrungen entstehen, da der Beschwerdeweg komplizierter und somit anfälliger für Störungen wird.

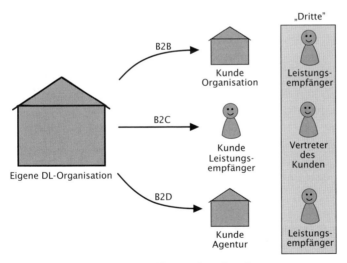

Bild 6.3 Geschäftsmodelle und interessierte Parteien

Geschäftsmodell Business-to-Business (B2B)

Die Kunden des eigenen Unternehmens sind andere Unternehmen oder andere Organisationen. Diese Kunden verarbeiten die gelieferten Produkte weiter oder nutzen die bereitgestellten Dienstleistungen für ihre eigenen Geschäftsprozesse. Beispiele:

- Lieferung von Bauteilen/Komponenten, die für die Herstellung von Anlagen/Geräten eingesetzt werden.
- Reinigungsdienstleistung für ein Unternehmen.

Geschäftsmodell Business-to-Customer (B2C)

Die Kunden des eigenen Unternehmens sind Endkunden im Sinne von Verbrauchern. Beispiele:

- Verkauf von Artikeln/Produkten im Verbrauchermarkt.
- Reinigungsdienstleistung für einen Privathaushalt.

Geschäftsmodell Business-to-Dealer (B2D)

Die bereitgestellten Produkte werden weiterverkauft (z. B. an den Einzelhandel). Beispiele:

- Lieferung von Elektronikbauteilen an den Großhandel bzw. Händler.
- Vermittlung von Dienstleistungen (Agenturen, Reisebüros, Immobilienmakler etc.).

6.2.2 Auswirkung des Geschäftsmodells auf die Vergleichbarkeit

Inwieweit sich das Geschäftsmodell auf die Vergleichbarkeit der Merkmale auswirken kann, zeigt folgender Sachverhalt:

Da im B2B-Geschäft in der Regel größere Mengen geliefert werden, ist die Wahrscheinlichkeit, dass ein fehlerhaftes Produkt den Kunden erreicht, um ein Vielfaches größer als im B2C-Geschäft. So ist es bei der Ermittlung der Beschwerdequote ein Unterschied, ob 1000 Produkte an einen Kunden ausgeliefert werden oder jeweils nur ein Produkt an 1000 (End-)Kunden. Im ersten Fall führt die Beschwerde über ein fehlerhaftes

Produkt zu einer Beschwerdequote von 100 %, da ja nur ein Kunde beliefert worden ist und dieser sich beschwert hat. Im zweiten Fall kann das fehlerhafte Produkt nur einen Kunden von 1000 erreichen. Die Beschwerdequote beträgt daher nur 0,1 %.

In den folgenden Abschnitten erfahren Sie, welche Möglichkeiten sich bieten, um derartige Abweichungen auszuschließen.

6.2.2.1 Kennzahl Produkt-/Prozessqualität

Die Zählweise ist abhängig von der gelieferten Menge und unabhängig von der Anzahl der sich beschwerenden Kunden. Im Vordergrund steht die Anzahl der Teile/Produkte, über die Beschwerden eingegangen sind. Somit ist dieses Merkmal unabhängig vom Geschäftsmodell. Es weist ausschließlich die Quote fehlerhafter Produkte im Feld aus.

6.2.2.2 Kennzahl Beschwerdekosten

Da die Kosten in erster Linie proportional zur Anzahl sich beschwerender Kunden (Kosten für die Bearbeitung einer Beschwerde) und zu den Kosten der Fehlerbehebung (Ersatzlieferung/Gutschrift) sind, müsste jeder Vorgang einzeln kalkuliert werden (Fixkosten für Bearbeitung und variable Kosten für Fehlerbehebung). Ergebnis ist die Beschwerdekostenquote. Sie wäre im genannten Beispiel in beiden Fällen gleich, da sich ja in beiden Fällen „nur" ein Kunde beschwert, weil es sich nur um ein einziges fehlerhaftes Produkt handelt. Sobald mehrere fehlerhafte Produkte ausgeliefert werden, beschweren sich mehrere Endkunden (B2C), aber gegebenenfalls nur ein B2B- bzw. B2D-Kunde. Bei hohen Bearbeitungskosten wären die Beschwerdekosten im B2C-Fall höher als bei B2B und B2D. Überwiegen dagegen die Kosten für die Fehlerbehebung, so relativiert sich der geschäftsmodellbedingte Unterschied bezüglich der Kenngröße Beschwerdekosten.

Diese Betrachtung erscheint zunächst etwas industrielastig, lässt sich aber auch problemlos auf Dienstleistungen übertragen (z. B. auf Reinigungsdienstleistungen). Nicht übertragbar ist die Situation, dass eine fehlerhafte „Charge" an mehrere Empfänger geliefert wird, denn Dienstleistungen werden individuell wahrgenommen. Eine „Dienstleistungs-Charge" in diesem Sinne existiert nicht. Daher ist die genannte Betrachtung nur auf die produktbezogene Unternehmensleistung zu übertragen.

Wird im Rahmen einer Dienstleistung ein fehlerhaftes Produkt mehrfach ausgeliefert und/oder genutzt, so ist die Beschwerde auf das fehlerhafte Produkt, nicht aber auf die Dienstleistung zurückzuführen (z. B. mangelhafte Speisen im Restaurant).

6.2.2.3 Kennzahl Kundenzufriedenheit

Die Zählweise ist unabhängig von der Liefermenge, und daher zählt nur die Anzahl reklamierender Kunden. Wie in dem eingangs vorgestellten Fall erhält der B2B- bzw. B2D-Kunde eine größere Menge. Die Wahrscheinlichkeit, dass mehrere fehlerhafte Produkte gleichzeitig geliefert werden, ist größer als beim B2C-Kunden. Ein B2B- bzw. B2D-Kunde würde in einer Beschwerde mehrere fehlerhafte Produkte reklamieren (Sammelreklamation), und die Anzahl beschwerender Kunden wäre geringer als im B2C-Geschäftsmodell. Somit hätte das Geschäftsmodell eine Auswirkung auf diese Kennzahl.

Beispiel

Zwei Unternehmen der gleichen Branche produzieren, verkaufen und liefern pro Zeiteinheit die gleiche Menge an physischen Produkten an unterschiedlich viele Endkunden. Die Fehlerquote der Produkte ist bei beiden Unternehmen gleich, und die gleiche Anzahl von Kunden beschwert sich. Der einzige Unterschied ist, dass Unternehmen A wenige große Kunden (z. B. B2B bzw. B2D) und Unternehmen B viele kleine Kunden (z. B. B2C) beliefert. Die Beschwerdequote ist bei A höher und somit schlechter.

Gerade bei dieser Kennzahl wird die Auswirkung des Geschäftsmodells deutlich.

Beispiel

Werden gleichartige Produkte gleichzeitig an mehrere Kunden geliefert (z. B. Erdgas oder andere „Rohstoffe", Speisen, Medikamente, Strom), so können fehlerhafte Produkte gleichzeitig mehrere Kunden schädigen (Stromausfall, Rückrufaktion etc.). Damit die Zählweise zur Erstellung

einer validen Kennzahl „passgenau" bestimmt werden kann,
ist der kausale Zusammenhang der Beschwerde mit dem
vermeintlich zugrunde liegenden Fehler zu prüfen und zu
bestätigen. Die Zählweise derartiger Mehrfachbeschwerden
(siehe Kapitel 1.3) ist klar und unmissverständlich zu regeln,
damit eine Vergleichbarkeit möglich wird.

Im Geschäftsmodell B2D, bei dem größere Produktmengen an einen
Händler verkauft werden und dieser die Produkte in kleineren Mengen
weiterverkauft, werden fehlerhafte Produkte meist erst beim Einsatz
beim Endkunden erkannt. Die Beschwerden, die zuerst beim Händler
eintreffen, werden an den Lieferanten weitergereicht. Häufig kann es
vorkommen, dass mehrere Beschwerden gesammelt und als eine „Sammelbeschwerde" gemeldet werden. Die Beschwerden werden dabei in
den meisten Fällen dem Beschwerdeführer gegenüber vom jeweiligen
Beschwerdeempfänger in der Händlerkette direkt beantwortet, bevor sie
den nächsten Beschwerdeempfänger in dieser Kette und letztendlich das
produzierende Unternehmen erreichen.

Zusammenfassend lässt sich sagen, dass für die Vergleichbarkeit der
Kennzahl Kundenzufriedenheit in besonderem Maße eine Festlegung
der Zählweise für die jeweiligen Geschäftsmodelle notwendig ist, insbesondere der Umgang mit Mehrfach- und Sammelbeschwerden.

Die hier aufgeführten Faktoren, die die Beschwerdequote beeinflussen,
haben einen realen Hintergrund. Häufig werden diese Einflussfaktoren
im praktischen Alltag nicht berücksichtigt. Neben dem Aufwand-Nutzen-
Aspekt ist auch eine rein systemtechnische Notwendigkeit hierfür ausschlaggebend. Im Rahmen der Fragestellung, inwieweit Beschwerdequoten vergleichbar sind, bedarf es einer Fehlerabschätzung für den Fall,
dass die identifizierten Einflussfaktoren nicht berücksichtigt werden.
Die im folgenden Abschnitt aufgeführten Einflussfaktoren, die je nach
Produkt, Dienstleistung und Geschäftsmodell zur Geltung kommen, können dabei behilflich sein.

■ 6.3 Einfluss der Dunkelziffer auf die Vergleichbarkeit

Unabhängig von der Art der Beschwerde, die an ein Unternehmen herangetragen wird, und der Auswahl des Merkmals aus der Metrik gibt es in allen Fällen eine oft nicht unerhebliche Unschärfe bei der Ermittlung der Beschwerdequote. Die Erfassung und Analyse von Beschwerden unterliegt verschiedenen Einflussfaktoren. Einer davon ist die Dunkelziffer, das heißt der Anteil der nicht vom Beschwerdeführer vorgetragenen Beschwerden oder der gegenüber dem Unternehmen zwar vorgetragenen, aber nicht erfassten Beschwerden. Sowohl der Anteil an nicht vorgetragenen Beschwerden als auch die Art der Auswertung können in unterschiedlichen Branchen und Geschäftsmodellen unterschiedlich ausgeprägt sein.

Je nachdem, wie der konkrete Umgang mit Beschwerden in einem Unternehmen ausgeprägt ist, können sich unterschiedliche Unschärfefaktoren ergeben. Im Folgenden wird eine Reihe solcher Faktoren aufgezeigt, wie sie sich in unterschiedlichen Betrachtungsperspektiven zeigen können. Konkrete Lösungen für eventuelle Defizite können in diesem Rahmen jedoch nicht erarbeitet werden.

Folgende Einflussfaktoren tragen maßgeblich zum Grad der Unschärfe bei der Beschwerdeanalyse bei:

Motivationsperspektive

- **Art und Umfang der Beschwerdestimulation:** Wie werden Beschwerdeführer ermutigt, sich auch tatsächlich gegenüber dem Unternehmen zu äußern, wenn sie Grund zur Beschwerde haben? Auf welchem Weg und in welchem Umfang werden Beschwerdeführer ermutigt, sich zu beschweren?

- **Beschwerdekultur:** Wie werden Beschwerden im Unternehmen aufgenommen? Wie wird mit dem Beschwerdeführer umgegangen?

- **Beschwerdetransparenz und -kommunikation:** Welche Beschwerdewege stehen einem potenziellen Beschwerdeführer zur Verfügung? Wie einfach oder schwierig ist es für den Beschwerdeführer, eine Beschwerde zu platzieren? Wie einfach oder schwierig ist es für den

Beschwerdeempfänger, eine vorgetragene Beschwerde vollständig und korrekt zu erfassen?

Gut kommunizierte und strukturierte Beschwerdewege vereinfachen die Beschwerdeartikulation für die Kunden. Eine freundliche, offene Ansprache sich beschwerender Kunden signalisiert Interesse und Kompromissbereitschaft. So werden Kunden ermutigt, eine Rückmeldung zu geben.

Zugleich führen gut strukturierte Beschwerdewege durch Kanalisation der Informationen zu einer effizienten Erfassung von Beschwerden.

Emotionale Perspektive

- **Angst und Aussichtslosigkeit:** Könnte der Beschwerdeführer Konsequenzen für sich oder Angehörige fürchten, wenn er sich beschwert? Könnte er Zweifel haben, ob sich der Aufwand, eine Beschwerde zu formulieren und vorzutragen, für ihn lohnt und welche Erfolgsaussichten er damit hat?

- **Emotionaler Aufwand und Nutzen:** Wie viel Zeit nimmt die Beschwerdeerfassung für den Beschwerdeempfänger in Anspruch? Steht der Erfassungsaufwand in einem Missverhältnis zu gegebenenfalls einzuhaltenden Zielvorgaben des Beschwerdeempfängers?

Kunden und Mitarbeiter müssen gleichermaßen das Gefühl bekommen, dass Beschwerden im Unternehmen willkommen sind und zu einer kontinuierlichen Verbesserung der Qualität genutzt werden.

Kosten-Nutzen-Perspektive

- **Bedeutung des Problems für den Kunden:** Welchen Vorteil sieht der Kunde in der Fortführung der Geschäftsbeziehung? Welchen Zeit- und Kostenaufwand bedeutet es für den Beschwerdeführer, eine Beschwerde zu platzieren?

- **Bedeutung der Erfassung der Beschwerde im Unternehmen:** Wie umfangreich ist der Erfassungsaufwand im Verhältnis zum Nutzen der Beschwerdeerfassung und -analyse? Welche Vorteile sieht das Unternehmen in einer umfassenden Beschwerdeerfassung und -analyse und wie wird das kommuniziert?

Kunden und Mitarbeiter dürfen die Beschwerdeartikulation bzw. die Beschwerdeerfassung und den Beschwerdeprozess nicht als Belastung empfinden, sondern müssen einen klaren Mehrwert für sich erkennen.

Im Hinblick auf alle genannten Perspektiven ist es nicht möglich, mittels einfacher Korrekturfaktoren die Unschärfe bei der Vergleichbarkeit zu verringern. Eine Vergleichbarkeit der verschiedenen Beschwerdequoten ist daher nur möglich, wenn sich die jeweiligen Faktoren bei verschiedenen Unternehmen ähneln. Dabei sind für das B2C-Modell vor allem die Motivations- und die emotionale Perspektive relevant.

Weitere Perspektiven seien an dieser Stelle der Vollständigkeit halber kurz erwähnt:

- **Wahrscheinlichkeitsperspektive**
  Kontakthäufigkeit/-möglichkeit: Erreichbarkeit einer Hotline oder des Servicepersonals.

- **Saisonale Perspektive**
  Bestellverhalten bzw. Rechnungsstellung: Verzerrungen der Beschwerdequote durch saisongeprägte Absatzschwankungen stehen bei dieser Perspektive im Vordergrund und sind entsprechend zu berücksichtigen.

- **Handlungsfreiheitsperspektive**
  Geschäftsmodelle B2B oder B2C: Welche Entscheidungsfreiheit hat der Beschwerdeführer, seine Beschwerde anzubringen? Welche Möglichkeiten haben Beschwerdeempfänger, gegenüber dem Beschwerdeführer direkt zu handeln? Welche Handlungsalternativen erlaubt das technische Beschwerdemanagementsystem?

 Praxistipps

Um Unschärfen beim Vergleich unterschiedlicher Geschäftsmodelle zu bereinigen, müssen Sie die Ausprägung von Leistungsanteilen bei unterschiedlichen Geschäftsmodellen sowie die darauf basierende Gewichtung von Reklamationen und anderen Beschwerden beachten.

Berücksichtigen Sie jeweils:

- klare Definition und korrekte Anwendung vereinbarter Zählweisen,

- „Stellung" von Kunden und Dritten im Geschäftsmodell,
- Auswirkungen der unterschiedlichen Geschäftsmodelle auf die drei Merkmale Fehlerquote, Kosten und Kundenzufriedenheit,
- unterschiedliche Bedingungen sowie Maßnahmen, die einen Einfluss auf die Dunkelziffer haben könnten.

7 Schlussbetrachtung und Awendungsmöglichkeiten

■ 7.1 Rückblick

Auf den vorangegangenen Seiten haben Sie erfahren, wie Kennzahlen zu ermitteln sind, wie man sie einsetzen kann und wie Sie zielgerichtete, belastbare und akzeptierte Kennzahlen aus dem Beschwerdemanagement erhalten.

Der Entwicklung der vorliegenden Vorschläge ist eine gründliche Sichtung unterschiedlicher Qualitätsmanagementmodelle vorausgegangen – insbesondere der DIN EN ISO 9001, der DIN ISO 10002 und des EFQM-Modells. Dabei wurde unter anderem deutlich, dass eine „Ein-Zahl-Metrik", die anhand von nur einer einzigen verdichteten Kennzahl Beschwerdeaufkommen und den Reifegrad von Beschwerdemanagementsystemen auch branchenübergreifend vergleichbar machen würde, nicht praktikabel ist, so wünschenswert ein solches einfaches Modell auch wäre. Die Rückmeldungen aus den Webinaren, die die DGQ-Arbeitsgruppe 182 „Beschwerdemanagement" 2013 durchgeführt hat, haben außerdem gezeigt, dass viele Unternehmen mit der Aussagekraft ihrer Kennzahlen unzufrieden sind und dass teilweise einfache Grundsätze, die für valide Kennzahlen unabdingbar sind, nicht eingehalten werden.

Daher wurden im vorliegenden Band zunächst grundlegende Begriffe geklärt, deren Festlegung für eine „saubere" Erstellung von Kennzahlen erforderlich ist. In Kapitel 1 wurde definiert, dass Reklamationen als eine Untergruppe von Beschwerden aufzufassen sind, nämlich solche Beschwerden, die sich auf einen vertragsrechtlichen Anspruch beziehen. Es folgte die wichtige Unterscheidung von berechtigten, unberechtigten und unklaren Beschwerden. Das Verständnis und der korrekte Einsatz dieser drei Beschwerdekategorien ist für das Erstellen valider Kennzahlen unerlässlich.

In Kapitel 2 wurden die Grundlagen der Erstellung von Kennzahlen dargestellt. Der erste Schritt ist dabei immer, die Fragestellung zu definieren, auf die die Kennzahl eine Antwort geben soll. In einem zweiten Schritt wird die Zählweise festgelegt, die für diese Fragestellung geeignet ist. Nur wenn Fragestellung und Zählweise wirklich zueinanderpassen und im Unternehmen allgemein akzeptiert sind, entsteht eine wirksame Kennzahl. Es besteht dann ein gemeinsames Verständnis darüber, welchen Zweck die Kennzahl erfüllt und wie sie zu interpretieren ist. Ebenso wissen dann alle Beteiligten, wie die Kennzahl zustande kommt und wie sie durch korrektes Zählen oder korrekte Einträge in die EDV zu einer aussagekräftigen Kennzahl beitragen können.

Auf der Basis dieser Begriffs- und Grundlagenklärung lassen sich bereits einfache und valide Kennzahlen erstellen. In Kapitel 3 wurden Beispiele dafür beschrieben, indem gezeigt wurde, wie einfache Kennzahlen für Produkt-/Prozessqualität, Reklamationskosten sowie Kundenzufriedenheit aufgebaut werden können.

In der Praxis liegen Schwierigkeiten aber häufig im Detail, weshalb im vierten Kapitel zwei fortgeschrittene Konzepte erläutert wurden, die hilfreich bei der Erstellung komplexer Kennzahlen sind. Weil in unterschiedlichen Abteilungen, Standorten oder Unternehmen nicht immer Einigkeit darüber besteht, was als Beschwerde erfasst werden soll, wurde das Konzept der Erfassungsebenen I bis IV eingeführt, in dem auch die Unterscheidung zwischen Beschwerde und Reklamation noch einmal differenzierter ausgearbeitet werden konnte. Selbst wenn klar ist, was jeweils als Beschwerde erfasst wird und was nicht, besteht nicht immer Klarheit darüber, welche Betrachtungseinheit genau gezählt werden soll. So können unterschiedliche Zahlen in die Berechnung eingehen und diese verfälschen. Daher wurde gezeigt, wie die gezählte Einheit sauber festgelegt werden kann.

In Kapitel 5 wurde ausgeführt, welche konkreten Überlegungen sich für die drei Kennzahlen aus Kapitel 3 ergeben, wenn die beiden Konzepte der Erfassungsebenen und der gezählten Einheit konsequent angewendet werden, und welche komplexen Kennzahlen dann entstehen können.

Wenn sich zwei Unternehmenseinheiten oder mehrere Unternehmen hinsichtlich ihres Beschwerdemanagements bzw. der sich daraus ergebenden Resultate vergleichen möchten, dann müssen zusätzlich noch weitere Aspekte berücksichtigt werden. In Kapitel 6 wurde gezeigt, welchen Einfluss die unterschiedlich starke Industrie- oder Dienstleistungsorientierung eines Unternehmens, das Geschäftsmodell und die zu erwartende Beschwerdedunkelziffer auf die Vergleichbarkeit der Kennzahlen haben können.

■ 7.2 Ausblick

Abschließend sollen drei Themenkomplexe noch einmal gesondert betrachtet werden:

- **Fragestellung oder Vergleichbarkeit**
  Ist es wichtiger, eine Kennzahl an der eigenen Fragestellung auszurichten oder an den unternehmensinternen (bzw. bei Vergleichen den unternehmensübergreifenden) Vorgaben für die Erfassungsebene, die gezählte Einheit etc.?

- **Vermeidung von Unschärfe**
  Wie kann man Unschärfen (siehe Kapitel 6) bei der Kennzahlenermittlung entgegenwirken? Im Folgenden finden Sie einen Vorschlag, wie dies mit User Acceptance Tests erreicht werden kann.

- **Verbesserungspotenzial**
  Können aus der Kennzahlenanalyse Schlussfolgerungen darüber gewonnen werden, wo in Prozessen und Produkten ein mögliches Verbesserungspotenzial steckt?

7.2.1 Eigene Fragestellung oder Vergleichbarkeit

Wir haben Ihnen in diesem Band geraten, zunächst Ihre Fragestellung festzulegen und Kennzahlen daraufhin auszurichten. Andererseits empfehlen wir Ihnen auch, in Ihrem Unternehmen Einigkeit über die Erfassungsebene, die gezählte Einheit, das Verhältnis von industriellen zu Dienstleistungsaspekten, das Geschäftsmodell etc. herzustellen. Unter

Umständen widersprechen sich beide Forderungen, da eine direkte Orientierung an der Fragestellung eine andere Kennzahl ergeben kann als eine Orientierung daran, alle Aspekte zu berücksichtigen. Die Frage ist: Was ist wichtiger?

Auch das hängt davon ab, wofür die Kennzahl verwendet werden soll. Wenn Sie sich in erster Linie mit anderen Unternehmen vergleichen wollen, ist eine korrekte Zuordnung z. B. des Geschäftsmodells unerlässlich. Die sich vergleichenden Unternehmen müssen dann zwangsläufig gleiche Regularien beim Erstellen ihrer Kennzahl einhalten – sonst wird kein Vergleich möglich. Wenn dagegen die Steuerungsfunktion der Kennzahl für Sie Priorität hat, dann müssen die Zählweise, die Auswahl der Erfassungsebenen etc. darauf ausgerichtet sein. Anpassungen, die einen Vergleich mit anderen Unternehmenseinheiten bzw. Unternehmen erleichtern, aber die Aussagekraft Ihrer Kennzahl für Ihre Zwecke schmälern, sollten Sie dann vermeiden.

Es kommt also auch hier auf die unternehmensindividuelle Sichtweise an, um das zu erstellen, was man wirklich braucht und was einem weiterhilft. Im Zweifelsfall könnten Sie die Kennzahl, um die es geht, zweimal erstellen – einmal mit Fokus auf das Geschäftsmodell bzw. die Vergleichbarkeit und einmal mit Fokus auf die Fragestellung, die für die Steuerungsfunktion der Kennzahl maßgeblich ist. Dies ist insbesondere für Unternehmen wichtig, die sich nicht ausschließlich in einem Geschäftsmodell bzw. als ein reines Industrie- oder Dienstleistungsunternehmen am Markt bewegen. Hier ist mitunter eine bewusste Unterscheidung sogar unerlässlich, um aussagekräftige Kennzahlen für einen Geschäftsbereich zu erhalten.

Grundsätzlich gilt: Schauen Sie sich die Unterschiede bei uneinheitlich ermittelten Kennzahlen für die gleiche Fragestellung an, ermitteln Sie die Parameter, die zur Abweichung führen, und versuchen Sie, eine Angleichung so vorzunehmen, dass Sie den Anforderungen Ihres Unternehmens genügen, wenn Sie Ihre Ergebnisse auf eine einzige Kennzahl verdichten müssen. In allen anderen Fällen wählen Sie besser den Weg, mehrere parallele Kennzahlen zu erheben und (unterschiedlich) zu verwenden. Machen Sie Ihren Kolleginnen und Kollegen dabei stets deutlich, warum das richtig und wichtig ist (siehe hierzu auch den Abschnitt Kennzahlenmarketing in Kapitel 2.4).

7.2.2 User Acceptance Test (UAT) zur Vermeidung von Unschärfe

Erste Möglichkeiten und Maßnahmen zu einzelnen Einflussnahme-perspektiven wurden bereits in Kapitel 6 aufgezeigt. Hier geht es nun um eine generelle Vorbeugung gegen Unschärfen in der Messgenauig-keit, die sowohl in der Datenerfassung als auch in der Datenanalyse liegen können, sowie um eine Überprüfungsmöglichkeit, ob die von Ihnen festgelegten Zählweisen auch korrekt verstanden und angewendet werden.

Jedes Messsystem – darunter sind auch statistische Erfassungen zu ver-stehen – sollte validiert werden, um zu prüfen, ob unterschiedliche Per-sonen bei der Erfassung derselben Sachlage auch zu gleichen Einträgen und damit identischen Ergebnissen kommen. Damit Erfassungsunge-nauigkeiten von Daten und/oder fehlerhafte Berechnungen von Kenn-zahlen so weit wie möglich ausgeschaltet werden können, macht es Sinn, sowohl die Erfassung als auch die Kennzahlenerstellung regelmäßig durch sogenannte UATs (User Acceptance Tests) zu überprüfen. So kön-nen Ungenauigkeiten, die sich im Tagesgeschäft immer wieder ein-schleichen, entdeckt und beseitigt werden.

Bei einem UAT werden mehrere einfache, mittelschwere und schwierige Fälle konstruiert und den Usern vorgelegt, die die Datenerfassung und/ oder Kennzahlenerstellung vornehmen. In der Praxis bewährt haben sich UATs, die mindestens zwölf (je vier pro Schwierigkeitsgrad) und maximal 18 Fälle (je sechs pro Schwierigkeitsgrad) beinhalten. Die erzielten Ergebnisse werden mit Musterlösungen abgeglichen, die nach den geltenden, fest vereinbarten Richtlinien erstellt wurden, und die Abweichungen analysiert. So kann ermittelt werden, wo und warum es zu Abweichungen bei der Datenerfassung und/oder Kennzahlener-stellung kommt. Darauf basierend können dann entsprechende Gegen-maßnahmen, wie z. B. Nachschulungen zum Verständnis von Beschwer-dedefinition und Zählweisen oder zur Erarbeitung von Kennzahlen, eingeleitet werden.

Bei der Einführung neuer Verfahren empfiehlt sich die Durchführung von UATs dreimal jährlich (alle vier Monate), mindestens aber im Halb-jahresrhythmus. Der Rhythmus kann dann – je nach Ergebnisverbes-serung – sukzessive verlängert werden bis zu einer Durchführung nach jeweils 18 Monaten.

7.2.3 Verbesserungspotenzial

Neben den bisher genannten Vorteilen einer sinnvollen und gewissenhaften Beschwerdeerfassung und -bearbeitung bietet ein strukturiertes Beschwerdemanagement die Möglichkeit, Maßnahmen für eine kontinuierliche Verbesserung innerhalb der Organisation abzuleiten.

Für eine detaillierte Auseinandersetzung mit diesem Themenfeld sei auf das von der FQS geförderte Projekt „IReks" an der RWTH Aachen verwiesen. Dort wird ein ganzheitlicher unternehmensinterner Reklamationsbearbeitungsprozess entwickelt, der sich besonders durch Strukturen für die effektive Analyse, Bearbeitung und Nutzung von Kundenreklamationen auszeichnet. In diesem Prozess werden die aus den Reklamationen generierten Informationen für die kontinuierliche Erhöhung der Produktqualität genutzt, indem diese Informationen gezielt in den Produktentstehungsprozess zurückgekoppelt werden. Weitere Informationen zum IReks-Projekt erhalten Sie bei der FQS[5].

■ 7.3 Anwendungsmöglichkeiten

Wir hoffen, dass dieser Band dazu beiträgt, Ihre Beschwerdemanagementkennzahlen so zu gestalten bzw. zu bewerten, dass dadurch eine optimale Steuerung Ihres Beschwerdemanagements und Ihres Unternehmens möglich wird.

Die Ratschläge sind adaptierbar. Das heißt, sie gelten nicht nur für das Beschwerdemanagement. Vielmehr können Sie sie auf alle Branchen und alle Bereiche Ihres Unternehmens übertragen.

---

5 http://www.dgq.de/corporate/fqs/

Literatur

Seidel, W.; Stauss, B.: *Beschwerdemanagement. Unzufriedene Kunden als profitable Zielgruppe.* Carl Hanser Verlag, 5. Auflage, 2014.

Wiegran, G.; Harter, G.: *Kunden-Feedback im Internet. Strukturiert erfassen, schnell beantworten, systematisch auswerten.* Gabler Verlag, 2002.